Oração aos moços

Rui Barbosa

copyright Hedra
edição brasileira© Hedra 2020
coordenação da coleção Ieda Lebensztayn

edição Jorge Sallum
coedição Suzana Salama
assistência editorial Paulo Henrique Pompermaier
capa e projeto gráfico Lucas Kröeff

ISBN 978-85-7715-643-6

Grafia atualizada segundo o Acordo Ortográfico da Língua Portuguesa de 1990, em vigor no Brasil desde 2009.

EDITORA HEDRA LTDA.
R. Fradique Coutinho, 1139 (subsolo)
05416–011 São Paulo SP Brasil
Telefone/Fax +55 11 3097 8304
editora@hedra.com.br
www.hedra.com.br

Foi feito o depósito legal.

Oração aos moços

Rui Barbosa

Pedro Luso (*prefácio*)

2ª edição

hedra

São Paulo 2020

Rui Barbosa (Salvador, 1849–Petrópolis, 1923), escritor, jornalista, jurista, diplomata, tradutor e político brasileiro, foi um dos mais destacados e influentes estadistas que o Brasil já teve. Um dos fundadores da Academia Brasileira de Letras, liderou em 1907 a delegação brasileira na Conferência de Paz, em Haia, Holanda. Lá, sua participação brilhante lhe valeu renome internacional e a alcunha de "Águia de Haia". Em 1893, por combater o golpe que levou Floriano Peixoto à presidência, teve de se exilar, primeiro em Buenos Aires, depois em Lisboa e, por fim, em Londres, onde permanece até 1895, e de onde contribuía para a imprensa brasileira com uma série de artigos mais tarde publicados sob o título de *Cartas de Inglaterra* (1896). Concorreu duas vezes à presidência do Brasil, e em 1921 foi eleito juiz da Corte Internacional de Justiça. Sua obra, rica e extensa, abrange vários campos do saber, e inclui os *Comentários à Constituição Federal Brasileira, O Elogio de Castro Alves* (1881), *Visita à terra natal* (1893), *Discursos e conferências* (1907) e a célebre *Oração aos moços* (1920).

Oração aos moços é um dos mais célebres discursos de Rui Barbosa, escrito para paraninfar os formandos da turma de 1920 da Faculdade de Direito do Largo de São Francisco, em São Paulo. Impedido de comparecer, por problemas de saúde, o texto foi lido pelo professor Reinaldo Porchat. Trata-se de uma das mais brilhantes reflexões produzidas pelo jurista sobre o papel do magistrado e a missão do advogado. O autor faz um balanço de sua vida como advogado, jornalista e político, como exemplo para as novas gerações. Esta edição traz ainda, em apêndice, a famosa carta a Evaristo de Morais que ficaria conhecida como "O dever do advogado", na qual Rui trata com a propriedade e a elegância que lhe são peculiares dos dilemas de ética profissional com os quais se deparam os que seguem a carreira jurídica. Para estabelecimento do texto e redação de notas explicativas foi consultada a edição da Fundação Casa de Rui Barbosa, preparada por Adriano da Gama Kury.

Pedro Luso é advogado civilista, tendo colaborado para *A Tribuna*, de Blumenau, Santa Catarina, e para o *Jornal do Comércio* de Porto Alegre. Em 1971, formou-se em Direito pela Pontifícia Universidade Católica, em Porto Alegre. Em 1972, passa a exercer o cargo de procurador do Instituto de Previdência Social do Estado do Rio Grande do Sul. Concluiu a pós-graduação em Direito na Escola da Magistratura, em 1973.

Oração aos moços

Rui Barbosa

Sumário

Introdução

PEDRO LUSO

Os formandos da turma de 1920, da Faculdade de Direito de São Paulo, escolhem para seu paraninfo Rui Barbosa, que, por encontrar-se enfermo, não pode comparecer à solenidade. Sua ausência é sentida pelos formandos, professores e convidados, que se encontram no recinto. Quem não gostaria de ouvir o grande orador assomar à tribuna para saudar os jovens afilhados, e do mestre ouvir palavras sábias, conselhos importantes, para quem deixa os bancos acadêmicos, e, daí em diante, passa a enfrentar a crueza da vida profissional, na área do Direito? Mas Rui já havia escrito o seu discurso. No momento mais solene da formatura, a saudação aos futuros bacharéis, as ideias de Rui iam sendo absorvidas por eles, à medida em que o professor Reinaldo Porchat, que o substituía na tribuna, lia o discurso escrito para a ocasião, discurso esse, que passaria a ser conhecido como *Oração aos moços*, e reconhecido como a obra-prima de Rui Barbosa.

Ali está registrado, no introito do famoso discurso, que é sacerdócio o exercício do Direito. E, ainda, nessa sua primeira parte, Rui dá realce ao contraste existente entre paraninfo e paraninfados: o primeiro, alquebrado pela passagem dos anos, embora guardando bem nítida na memória o muito que fez ao longo dos seus cinquenta anos de exercício da profissão de advogado; os segundos, jovens, que se iniciam como juízes e advogados. Diz aos formandos, não admitir que o despreparo do jovem juiz possa justificar atos, por eles praticados, contrários às leis e à dignidade humana. Deste ponto em diante, Rui passa a ministrar sábios conselhos a seus afilhados, com destaque aos deveres que os futuros juízes e advogados terão de observar.

O juiz, certamente encontrará riscos no desempenho de suas funções, diz Rui, mas terá de ter coragem para enfrentá-los. Essa é uma sagrada exigência da sociedade; é a exigência de cada cidadão, que, a qualquer preço, quer ver resguardado o direito que lhe outorga a Constituição. Portanto, ao juiz não cabe pretextar a má aplicação da lei, por desconhecê-la na sua inteireza. Conhecer a lei é dever intrínseco ao cargo do juiz. Para Rui, em outras palavras, o juiz que protela o julgamento de uma ação, comete crime contra a parte que está sob o manto da lei. Um julgamento demorado pode significar prejuízo, mesmo para quem sai vencedor da demanda, em razão do atraso para ser julgado o feito; pelos anos ou mesmo décadas, que os autos ficam estagnados na mesa do juiz. "Mas justiça atrasada", diz Rui, "não é justiça, senão injustiça qualificada e manifesta". No seu discurso, o paraninfo pede aos formandos, que vão escolher como profissão a magistratura, que não se tornem magistrados como esses, que deixam os autos penar em suas mãos como as almas do purgatório. Insta a seus afilhados, futuros juízes, a honrar a justiça. Insta-os, também, a se entregarem ao trabalho com a dignidade que o cargo requer.

O paraninfo lembra aos formandos — não exatamente com essas palavras —, que, na militância da advocacia, o advogado verá que se desenvolve nessa sua missão, um pouco do sentimento de magistrado. O mestre, mais uma vez, está com a razão. E, esse entrelaçamento, que se desenvolve no exercício da advocacia, sente-o o advogado em muitos casos ou fases processuais, como no exemplo que segue: o advogado é procurado para defender direito supostamente lesado; o consulente narra os fatos relacionados com a lesão, e exibe-lhe os documentos necessários à produção de provas, para acompanhar o pedido pretendido. Poder-se-ia perguntar se, de pronto, o advogado fica convencido de que tal direito fora efetivamente lesado. É justamente neste ponto que se encaixa a preleção de Rui, no respeitante à espécie de magistratura, que desenvolve-se na missão do advogado: aí, em cumprimento a um dever profissional, o advogado terá de avaliar criteriosamente fatos e documentos, para sentir se há probabilidade de êxito no pleito, caso a ação venha a ser ajuizada com o seu patrocínio; e, assim procedendo, terá sido ele, o advogado, o primeiro juiz da causa.

Fala ainda sobre a vocação do advogado e sobre a síntese de todos os seus mandamentos: legalidade e liberdade. Para Rui, o advogado por vocação não deserta e nem corteja a justiça, e não deixa de ser-lhe fiel. Insiste Rui que o advogado vocacionado não passa da legalidade para a violência, e mantem-se nos limites da ordem, sem atender os apelos da anarquia. Por todo o elenco de conselhos dirigidos ao advogado, a leitura desse discurso será de grande valia, tanto para o estudante, como ao advogado. É obra que poderá forjar o caráter do jovem estudante, ajudando-o a preparar-se para os embates da profissão, sem declinar da ética, que deverá pautar a sua caminhada, da qual poderá orgulhar-se ao longo dessa trajetória. Conduta que poderá constituir-se em orgulho para si próprio, para a família, e, mais acima ainda, orgulho para a pátria.

Interessante observar que na fala de Rui em *Oração aos moços* está bem forte a presença de Deus, cuja ênfase não era dada pelo jurista nos seus tempos áureos, em que o corpo não denunciava sinal de fragilidade, e sua atenção estava voltada para os embates sucessivos no Senado, nos quais enfrentou bravamente ferrenhos adversários; nesses tempos, reserva suas forças para atuar no terreno inóspito da política; pretende levar a termo sua missão contra o opróbrio da escravidão, que aspira colocar-lhe cobro; guarda-as, também, para o enfrentamento contra os monarquistas, que quer derrotá-los, e impor-lhes a república, como forma de governo, mais consentânea com o seu tempo e com as aspirações dos brasileiros. Agora, no entanto, nos poucos anos que lhe restam, busca a harmonia em Deus. Rui acredita na oração e no trabalho. A oração é, para ele, o meio que forma a moral do homem.

O trabalho é o meio que reúne energia do corpo e do espírito.

Com *Oração aos moços*, Rui Barbosa atinge o seu pináculo como escritor. As lições que transbordam dessa requintada obra não existiriam se quem a escreveu não tivesse a sensibilidade, a cultura, a sabedoria e a honestidade de Rui. É pois, como que um atestado, passado pelo escritor, do conhecimento que tão árdua e severamente buscou no decorrer de sua vida. Sabia Rui que a sua inteligência não seria o suficiente para galgar elevados postos, como aspirava. Para isso, teria que submeter-se a rígido programa de estudo, como sempre fez no seu longo aprendizado, aprendizado esse que nunca chegou a concluir, e que jamais concluiria, porque era de seu temperamento a busca da perfeição; sabia, isto sim, que muito ainda teria por aprender, e, principalmente, por muito que meditar, sobre o que lhe diziam, em suas obras, os mestres do Direito, da Filosofia, da Literatura, da Pedagogia e de outras ciências, com as quais estava familiarizado. Obra escrita em homenagem aos formandos que o convidaram como paraninfo, Rui pretendeu fazer um resumo de toda a sua vivência para transmiti-la a esses jovens, como que pretendendo deixar-lhes um legado de sua genialidade e de seu exemplo de honradez. Rui deixa exemplo imperecível de obstinação e de trabalho. Para Rui, a liberdade é o seu bem maior.

Pelo discurso proferido na Biblioteca Nacional, no ano de 1918, portanto, dois anos antes da solenidade de formatura dos seus afilhados, tem-se o privilégio de saber o que o autor de *Oração aos moços* diz de si mesmo:

Propugnei ou adversei governos; golpeei governos; golpeei ou escudei instituições; abalei até à morte um regímen, e colaborei decisiva e capitalmente no erigir de outro. Pelejei contra ministros e governos, contra prepotências e abusos, contra oligarquias e tiranos. Ensinei, com a doutrina e o exemplo, mas ainda mais com o exemplo que com a doutrina, o culto e a prática da legalidade, as normas e o uso da resistência constitucional, o desprezo e o horror da opressão, o valor e a eficiência da justiça, o amor e o exercício da liberdade.[1]

Para compreendermos a sua carreira, faz-se necessário apresentar alguns traços de sua biografia. Rui Caetano Barbosa de Oliveira, que viria consagrar-se com o nome de Rui Barbosa, era filho de Dr. João José Barbosa de Oliveira, médico, e de D. Maria Adélia Barbosa de Oliveira, e nasceu na cidade de Salvador, Bahia, no dia 5 de novembro de 1839. Quando faleceu em Petrópolis, em 10 de março de 1923, aos 73 anos, Rui Barbosa ainda era senador.

Rui Barbosa iniciou seus estudos primários com o professor Antônio Gentil Ibirapitanga, em 1854. Em 1861, inicia os estudos secundários no Ginásio Baiano, de Abílio César Borges. Em 1866, ingressa no curso de Direito da Faculdade de Recife, de onde se transfere para a capital paulista. No ano de 1868, matricula-se na Faculdade de

1. Discurso na Biblioteca Nacional, por ocasião do jubileu cívico, em 1918. Gladstone Chaves de Melo. *Rui Barbosa. Textos Escolhidos.* 2ª ed. Rio de Janeiro: Livraria Agir Editora, 1968, p. 7.

Direito de São Paulo, onde teve como colegas Castro Alves e Joaquim Nabuco. Em 28 de outubro de 1870, dá-se a sua colação de grau de bacharel em Direito. Em 1871, inicia sua carreira de advogado, com Sousa Dantas e Leão Veloso. Em 1872, começa a escrever para o Diário da Bahia, de Manuel Dantas. Em 1876, fica noivo de Maria Augusta Viana Bandeira, na Bahia. Nesse mesmo ano, vai tentar a fortuna no Rio. Em dezembro, volta à Bahia para a cerimônia de casamento com Maria Augusta. Nos anos que se seguem, nascem os seus cinco filhos: Maria Adélia, Francisca, Maria Luísa, Alfredo Rui e João Rui.

Regressa à Bahia em 1877, para tentar a carreira política. O exercício da advocacia não lhe basta, a política é igualmente sua aspiração. Para esse mister, nada melhor que começar na província. O tempo em que fica no Rio serve para que se muna de forças para decidir sobre o futuro que almeja. Agora, está pronto para os grandes debates. E, para que possa dedicar-se às atividades políticas, exonera-se do emprego na Santa Casa da Misericórdia, abre escritório de advocacia e passa a colaborar de forma sistemática no Diário da Bahia. Assim, Rui vai construindo a base para tentar, mais tarde, galgar cargos eletivos.

Nessa época, Rui passa por enormes dificuldades, e a Bahia não se apresenta como a melhor solução de vida para ele, com salário insuficiente para atender a todos os seus compromissos, dentre eles o pagamento de muitas dívidas contraídas pelo seu pai, que falece de forma inesperada. Conta esse seu sofrimento em carta:

> A minha vida é um labor e agonia muito acima de minhas forças, não morais, mas físicas. O meu emprego na Misericórdia, a advocacia, aqui trabalhosíssima, bem quase estéril, e a imprensa política, de que me é impossível separar, constituem três séries de deveres, cada uma das quais seria suficiente para ocupar um homem são, e que, entretanto, vejo-me forçado a reunir em mim só. Demais, a inopinada morte de meu pai deixou-me pai de família, e sobrecarregado com uma dívida superior a doze contos de réis, quase todas em letras bancárias, além de outras obrigações pecuniárias muito graves. Tenho letras em todo os meses do ano, doze em cada dentre oito, e três nos restantes. Os meus vencimentos da Santa Casa (R.s200$000) não me chegam nem para a amortização desses débitos, quanto mais para o mais, que excede a outro tanto daquela quantia. A advocacia nesta província, mendiga, e dia para dia desce desanimadoramente. Vejo-me, portanto, continuamente nos maiores apuros; e, se deles me tenho saído, sabe Deus à custa de quanta seiva de uma vida que, neste ano só, se tem esgotado como dez.[2]

Em 1878, Rui é eleito deputado provincial pelo Partido Liberal. Nesse mesmo ano do seu retorno à Bahia, surge para Rui a grande oportunidade, quando o general Osório visita Salvador, ocasião em que é levado pelo povo até o Diário da Bahia; aí, aparece numa das janelas o jovem Rui Barbosa, representante do Partido Liberal, para saudar o

2. *In*: Francisco de Assis Barbosa. *Retratos de Família.* 2ª ed. Rio de Janeiro: Livraria José Olympio Editora, 1968, p. 30.

herói da Guerra do Paraguai. Rui faz um panegírico a Osório, que é senador pelo Partido Liberal, enquanto Caxias é por ele ironizado de forma contundente. Com isso, o caminho fica aberto. Então, Rui é eleito à Assembleia Provincial da Bahia. Depois dessa fase inicial, é eleito para Câmara, instalada em 1879. Elege-se Senador pela Bahia, em 1890, mandato que manteria até o final de sua vida. Por duas vezes, candidata-se à Presidência da República, e, em ambas as candidaturas, é derrotado; a primeira, para o Marechal Hermes (1909), e a segunda, para Epitácio Pessoa (1919).

Nessa época (1919), são eleitos para a Câmara os moços Joaquim Nabuco, Afonso Pena, José Mariano, Buarque de Macedo. Também são eleitos Rodolfo Dantas e Rui Barbosa. Entre os mais velhos estão: o republicano Saldanha Marinho, o notável jurista Lafayette Pereira, e Silveira Martins, um dos mais brilhantes oradores do segundo reinado. É nesse ambiente que a figura de Rui começa a firmar-se com as suas intervenções nos grandes debates. No ano de 1881, Rui, agora deputado geral, embarca no porto da Bahia, com a mulher e as três filhas, com destino ao Rio de Janeiro, onde o êxito absoluto o aguardava. Um dos mais importantes objetivos de Rui, agora no exercício de cargo político, é empregar todas as armas que tem à sua disposição: a eloquência e a sua escrita brilhante — armas essas já conhecidas por muitos na época —, com o objetivo de ver a justiça triunfar. O homem culto, inteligente e com incomum disposição para o trabalho, dedica quase toda sua vida, a contar de seus dezoito anos até a idade de 73 anos, às causas nacionais.

Rui Barbosa inicia no jornalismo na sua cidade natal, Salvador, no *Diário da Bahia*, e continuou no Rio de Janeiro, em *O País* e no *Jornal do Comércio*. Eleito deputado a Assembleia Provincial baiana (1878), no ano seguinte deputado-geral, distingue-se na elaboração da reforma eleitoral e em pareceres sobre o ensino. Desliga-se do Partido Liberal, durante o último gabinete da monarquia, e passa a defender o regime federativo. Desfruta o prestígio de ser vice-presidente do governo provisório e Ministro da Fazenda. Redige a primeira Constituição republicana, em 1891. Toma parte da Revolta Armada, em 1893, e, em razão dessa posição que toma, exila-se em Buenos Aires e depois em Londres; na capital inglesa, permanece por dois anos. De volta ao Brasil, por duas vezes, candidata-se à presidência da República, em 1910 e 1919, respectivamente. Não consegue os votos necessários para ser guindado ao cargo supremo da nação.

Rui Barbosa participa da votação do Código Civil. O projeto de lei desse diploma legal coube a Clóvis Beviláqua. Rui, no entanto, acrescenta ao projeto numerosas emendas de ordem gramatical e filológica. Em razão dessas interferências, origina-se a célebre polêmica entre Rui e Ernesto Carneiro Ribeiro (seu antigo mestre na Bahia), então o responsável pela revisão do Código, que culminou em um dos textos ruianos mais famosos: *A réplica*, lançada em 31 de dezembro de 1902. Na época, essa polêmica toma grandes proporções, envolvendo Rui Barbosa e Carneiro Ribeiro, duas respeitáveis figuras, admiradas pela erudição e pela honradez. Rui, que se consagra como profundo conhecedor dos clássicos do idioma, passa a integrar a Corte Permanente Internacional da Justiça.

Em 1910, Rui lidera o primeiro movimento significativo de opinião pública, na célebre Campanha Civilista. Nos anos de 1906 a 1909, foi, respectivamente, senador pela Bahia e vice-presidente do Senado. Em 1907, representa o Brasil na Segunda Conferência de Paz, em Haia, Holanda, alcunhado desde então a "Águia de Haia".

Rui Barbosa foi membro fundador da Academia Brasileira de Letras. Escreveu, entre outras importantes obras: *Queda do Império* (1889); *Cartas de Inglaterra* (1896); *Parecer sobre a redação do Código Civil* (1902); *Réplica às defesas de redação do projeto da câmara dos deputados* (1903); *Oração aos moços* (1920).

O autor também dá importante contribuição à pedagogia. É o precursor da pedagogia no Brasil, o primeiro pedagogo que se dedica ao problema integral da cultura, isto é, o problema filosófico, social, político e técnico, a um só tempo. A sua obra, ligada à pedagogia, é amplamente reconhecida, como se vê pela repercussão, do que preleciona nessa área, em obras de autores famosos, como Veríssimo, Romero, Bordeaux Rêgo, Monteiro de Sousa, José Augusto, Sampaio Dória, Carneiro Leão, Afrânio Peixoto, Miguel Couto, Teixeira de Freitas, Mário Pinto Serva, entre outros.

Cumpre lembrar que Rui produziu uma alentada obra, sete a oito tomos, em prol da pedagogia no Brasil, como menciona Lourenço Filho, cujos escritos pedagógicos integram a coleção das suas Obras Completas. Portanto, quaisquer que tenham sido as circunstâncias, a forma de produção e a extensão, bastariam esses trabalhos para que o nome do autor fosse incluído no rol de nossos maiores pedagogistas, e para que o seu pensamento tivesse influído, como continua a influir, sobre gerações sucessivas de mestres e estudiosos da especialidade, em nossa terra. Tais escritos, contudo, não se separam do conjunto da vida pública de Rui, nela representando, por vezes, a chave da compreensão de muitas passagens de suas lutas, e de mudanças que, em certas ideias e atitudes, apresentou.

Se os pedagogos são fastidiosos, o mesmo não se poderá dizer da pedagogia, quando haja a oportunidade de contemplá-la em suas legítimas dimensões. Isto é, desde que com ela tomemos contato em concepções dotadas de grandeza de linhas, força de estrutura e maior sentido de compreensão humana. A pedagogia de Rui Barbosa reveste-se desses admiráveis atributos, muito embora não haja sido ele educador de ofício, ou, talvez por isso mesmo. Rui não figura como profissional do ensino. Salvo pequena participação que deu a um curso noturno para analfabetos, quando estudante em São Paulo, não exerceu o magistério; também não desempenhou cargos de administração, não foi inspetor de ensino ou diretor de escola. Seus escritos sobre educação, todos produzidos no limitado prazo de um lustro, precisamente o que mediou de 1881 a 1886, tiveram caráter episódico, decorreram da vida política, foram aspectos da luta do doutrinador e reformador social. Nessa época, andava entre os 32 e 37 anos de idade e era deputado pela Bahia.[3]

Diz o autor, que a produção pedagógica de Rui como que delimita, no tempo, com a publicação do livro *Lição de coisas*, do educador norte-americano Norman Allyson Calkins, traduzido em 1881, e somente sendo impresso em 1886. Afirma ainda, que depois da publicação dessa obra Rui não voltou a ocupar-se de temas de ensino excetuados artigos de imprensa, não muitos, e que por sua natureza mais judiciosamente se hão de classificar na produção jornalística.

Ainda sobre a produção pedagógica de Rui, diz Lourenço Filho:

> Como se vê, no acervo imenso de cultura que nos legou, os escritos pedagógicos representam parcela relativamente diminuta. Mas, em Rui, o diminuto é, ainda e sempre, copioso. Na coleção das Obras Completas os escritos pedagógicos darão de sete a oito tomos. Quaisquer que tenha sido, aliás, as circunstâncias, a forma de produção e a extensão, bastariam esses trabalhos para que o nome do autor fosse incluído no rol de nossos maiores pedagogistas, e que para que o seu pensamento tivesse influído, como continua a influir, sobre gerações sucessivas de mestres e estudiosos da especialidade, em nossa terra.[4]

3. M. B. Lourenço Filho. *A pedagogia de Rui Barbosa.* 3ª ed. São Paulo: Edições Melhoramentos, 1966, p. 11.

4. *Id. Ibid.* p. 12.

O professor Lourenço Filho escreve, a seguir, sobre as várias razões da importância da atuação de Rui como pedagogo:

A primeira está em que Rui, como em tanta outra coisa, aí figura como precursor. Foi sem dúvida, no Brasil, o primeiro a tratar da pedagogia como problema integral da cultura, isto é, problema filosófico, social, político e técnico, a um só tempo. A segunda é que tais escritos não se separam do conjunto de sua vida pública, nela representando por vezes, a chave da compreensão de muitas passagens de suas lutas, e de mudanças que em certas ideias e atitudes apresentou. Por último, a oportunidade com que trabalhou tais assuntos, em momentos de rápida evolução de doutrinas sociais e educativas no mundo, e em nosso país, em particular.[5]

Atento ao peso da obra pedagógica, Lourenço Filho mostra a repercussão do trabalho de Rui, dizendo: "Sobre o valor extrínseco ou ostensivo da obra pedagógica, tal qual o podemos sentir em seus efeitos (e bastará ver a repercussão de suas páginas em Veríssimo, Romero, Bordeaux Rêgo, Monteiro de Sousa, José Augusto, Sampaio Dória, Carneiro Leão, Afrânio Peixoto, Miguel Couto, Teixeira de Freitas, Mário Pinto Serva, para não citar outros) convirá ressaltar, assim, a importância que apresenta na exegese da produção total do autor (Rui), ou seja, na posição e evolução de suas próprias ideias, tendências e sentimentos."

5. *Id. Ibid.* p. 12.

Segue Lourenço Filho discorrendo sobre o valor extrínseco da obra pedagógica de Rui, referindo-se o que representou o discurso de 6 de maio de 1882, "com que defendeu o programa não expressamente formulado do gabinete Martinho Campos; os pequeninos apartes com que pontuou a justificação de dois projetos de Rodolfo Dantas, sobre a criação de um liceu feminino e de um fundo escolar nacional; o sensacional discurso ao ensejo do centenário de Marques de Pombal — sensacional pela extensão de quase três horas e pela violência do ataque à Companhia de Jesus — quanto estranho, verdadeiramente estranho, pela forma vibrante com que exalta a figura o autoritário ministro de D. José, na qual chega a admitir a liberdade e a igualdade social sem existência de liberdade política. Será ainda com essa perspectiva que melhor podemos apreciar o discurso da Volta à Terra Natal; os trechos da introdução de O Papa e o Concílio, que reedita e comenta na derradeira das Cartas da Inglaterra aí mesmo, todo o primoroso estudo sobre As Bases da Fé, de Balfour, os subentendidos da alocução do Colégio Anchieta, a qual marcou época; e, enfim, os tons de suave melancolia na Oração aos moços — isso, já agora em 1920, nas luzes do ocaso. Uma conclusão, portanto, a retirar desta primeira notícia: quem desejar conhecer Rui há de conhecer-lhe a obra pedagógica e meditar nela."

Francisco de Assis Barbosa, advogado, escritor, professor e jornalista, publicou, em 2ª ed. pela editora José Olympio, de *Retratos de família*, prefaciada por Josué Montello, na qual enfoca passagens importantes da vida de ilustres escritores, entre eles, Rui Barbosa. Diz esse premiado escritor paulista, que Rui Barbosa talvez seja o homem mais admirado no Brasil. Também enaltece Rui, dizendo não haver ninguém tão culto, tão sábio, tão honesto, tão perfeito como ele. Realça o sentimento à liberdade, que, em última análise, é uma constante na vida do jurista baiano. Há, nessa obra de Francisco Assis Barbosa, uma passagem, da qual não podemos nos furtar: "Enquanto houver um pária da Justiça, um perseguido, um vítima da prepotência", escreveu o poeta Augusto Schmidt, "ele, Rui, estará sempre presente entre nós".[6]

Para Assis Barbosa, a nossa geração sente o peso da sombra de Rui Barbosa. O seu nome faz lembrar os *meetings* da campanha civilista, os habeas corpus em favor dos prisioneiros políticos, dos jornalistas ameaçados, dos oprimidos. Sua voz sempre foi a favor do mais fraco, uma voz a serviço do povo. Rui é o símbolo de uma coisa que todavia não está morta: a opinião pública. Ele foi o homem que encarnou a oposição, o direito da livre crítica contra os atos dos governantes, o direito de ser contra os poderosos do momento. E com coragem o fazia:

> Não nasci cortesão. Não fui do trono; não o quis ser da ditadura; da própria Nação não o sou: não o serei das baionetas. Aceitarei a luta no terreno onde a puserem dentro das leis normais e políticas do dever e da honra. Não está na minha índole fugir.

6. Francisco de Assis Barbosa. *Retratos de família*. 2ª ed. Rio de Janeiro: Livraria José Olympio Editora, 1968, p. 36.

O meu temperamento, mercê de Deus, não é o dos poltrões. Da firmeza do meu posto cívico não permitirá Deus jamais me abalem ameaças ou perigo.[7]

É ainda na obra *Retratos de família*, de Francisco Assis Barbosa, que encontramos a transcrição de mais um pequeno trecho de um texto escrito por Rui Barbosa, texto esse que certamente sempre terá espaço e especial e de destaque, onde quer que lá esteja, à disposição do leitor:

Os governos arbitrários não se acomodam com a autonomia da toga, nem com a independência dos juristas, porque esses governos vivem rasteiramente da mediocridade, da desonra. A palavra os aborrece, porque a palavra é o instrumento irresistível da conquista da liberdade. Deixai-a livre, onde quer que seja, e o despotismo está morto.

O legado da obra de Rui Barbosa, bem como a sua incansável atuação contra a opressão, sua luta em prol da liberdade, o Rui cerebral, refletido e consciente artista da palavra, o Rui das escritas buriladas e requintadas, o Rui dos discursos e das conferências brilhantes e famosas, o Rui de Oração aos moços, esteve esquecido no período que compreende os anos de 1930 a 1960. Dois motivos podem ser apontados como causa desse esquecimento: o modernismo literário e a ditadura implantada em 1937 na esteira da revolução de 1930.

7. In: Francisco de Assis Barbosa. *Retratos de família.* 2ª ed. Rio de Janeiro: Livraria José Olympio Editora, 1968, p. 35.

Ronald de Carvalho aborda oradores e publicistas na sua importante obra, *Pequena História da Literatura Brasileira*, 9ª edição revista, publicada pela F. Briguiet Editores, Rio de Janeiro, 1953, mencionando, como digno de nota, entre outros, José Bonifácio de Andrada e Silva, José do Patrocínio, Joaquim Nabuco e Rui Barbosa. Diz, Ronald de Carvalho: "Rui Barbosa, cujo estilo é dos mais apurados e elegantes, não só pela correção da linguagem senão também pela formosura das imagens e dos tropos". E, mais adiante:

> A campanha abolicionista, sobretudo, de onde irradiaria a futura propaganda republicana, abriu um vasto caminho ao conhecimento das ciências políticas e sociais em nosso país. Oradores como Joaquim Nabuco, poetas como Castro Alves, polemistas como Tobias Barreto, jornalistas como Quintino Bocaiuva, publicistas como Rui Barbosa, Salvador de Mendonça e André Rebouças vieram, com a palavra e a pena, sacudir a perigosa tranquilidade a que se fizera a nação, imprimindo-lhe uma certa inquietação necessária ao bom entendimento dos problemas éticos, religiosos e morais que, então, pela primeira vez, apareciam aqui em toda a sua plenitude.[8]

Oração aos moços é de valor inestimável para a literatura do nosso país. Nela, a antepenúltima obra escrita por esse exímio artista da oratória e da escrita, a mais im-

8. Ronald de Carvalho. *Pequena história da literatura brasileira.* 9ª ed. Rio de Janeiro: F. Briguiet Editores, 1953, p. 51; 320.

portante escrita pelo mestre, por certo inspirou Afrânio Coutinho, membro da Academia Brasileira de Letras, a escrever:

> Ao seu epitáfio, que ele quisera simples e digno de sua grandeza: amou a justiça, viveu no trabalho e não perdeu o ideal, a posteridade ajuntará: libertador de cativos, defensor de oprimidos, educador do povo, reformador da pátria, apóstolo de todas as causas liberais, o maior dentre os seus no seu tempo, e que soube falar, para além dos tempos, a eterna linguagem da perfeição literária, mestre incomparável do verbo.[9]

BIBLIOGRAFIA

Obras linguísticas e gramaticais:

DIAS, Augusto Epiphanio da Silva. *Syntaxe historica portuguesa.* Lisboa: Livraria Clássica Editora de A. M. Teixeira, 1918.

GRANDE ENCICLOPÉDIA PORTUGUESA E BRASILEIRA. Vol. V, Editorial Enciclopédia: Lisboa/ Rio de Janeiro (s.d.)

HOUAISS, Antônio. *Dicionário eletrônico Houaiss da língua portuguesa.* Rio de Janeiro: Instituto Antônio Houaiss. Produzido e distribuído pela Editora Objetiva Ltda.

MELO, Gladstone Chaves de. *A língua e o estilo de Rui Barbosa.* [Col. Rex] Rio de Janeiro: Simões, 1950.

MORAIS SILVA, António de. *Grande dicionário da língua portuguesa.* 10 ed. rev. cor. muito aum. e actualizada por Augusto Moreno, Cardoso Júnior e José Pedro Machado. Lisboa: Confluência, 1954.

PINTO, Pedro. *Locuções e expressões na "Réplica" de Rui Barbosa* [Col. Rex] Rio de Janeiro: Simões, 1954.

9. Márcio Tavares d'Amaral. *Rui Barbosa.* São Paulo: Editora Três, 1974, p. 252.

VOCABULÁRIO ORTOGRÁFICO DA LÍNGUA PORTUGUESA, 4ª ed. Rio de Janeiro: Academia Brasileira de Letras.
Disponível em: http://www.academia.org.br/abl/

Obras literárias:

ALIGHIERI, Dante (1998) *A divina comédia.* Edição bilíngue, tradução e notas de Italo Eugenio Mauro. 14ª reimpressão, São Paulo: Editora 34, 2007.

BARBOSA, Ruy. *Oração aos moços.* Edição promovida pelo Mensario Academico Dionysos (s.l.) Casa editora "O livro". 1921.

______. *Oração aos moços.* Rio de Janeiro: A. dos Reis, 1932.

______. *Oração aos moços.* Edição comemorativa do centenário de nascimento do grande brasileiro. Fac-símile do texto original, datilografado e contendo emendas do próprio punho do Autor. Reitoria da Universidade de São Paulo: São Paulo, 1949a.

______. *Oração aos moços.* Estabelecimento do texto, prefácio e breves notas explicativas por Carlos Henrique da Rocha Lima. Rio de Janeiro: Casa de Rui Barbosa, 1949b.

______. *Oração aos moços.* Estabelecimento do texto e notas de Adriano da Gama Kury. Prefácio de Edgard Batista Pereira. Rio de Janeiro: Casa de Rui Barbosa, 1956.

______. *Oração aos moços.* Edição popular anotada por Adriano da Gama Kury. 5 ed, Rio de Janeiro: Casa de Rui Barbosa, 1999.

CAMÕES, Luís de (1572) *Os lusíadas.* Edição fac-similar com estudo filológico de Leodegário de Azedo Filho. Rio de Janeiro: Francisco Alves, 2007.

GANDRA, José Ruy. "De tanto ver triunfar as nulidades...". *Revista Época.* Nº. 434, 11 de setembro. São Paulo: Editora Globo, 2006.

LIMA, João Gabriel de. "O maior brasileiro da história". *Revista Época.* Nº. 434, 11 de setembro. São Paulo: Editora Globo, 2006.

MELO, J. Soares de. *História da oração aos moços.* Rio de Janeiro: Fundação Casa de Rui Barbosa, 1974.

ORAÇÃO AOS MOÇOS

Oração aos moços

Senhores:

Não quis Deus que os meus cinquenta anos de consagração ao direito viessem receber no templo do seu ensino em S. Paulo o selo de uma grande bênção, associando-se hoje com a vossa admissão ao nosso sacerdócio, na solenidade imponente dos votos em que o ides esposar.

Em verdade vos digo, jovens amigos meus, que o coincidir desta existência declinante com essas carreiras nascentes agora, o seu coincidir num ponto de intersecção tão magnificamente celebrado, era mais do que eu merecia; e, negando-me a divina bondade um momento de tamanha ventura, não me negou senão o a que eu não devia ter tido a inconsciência de aspirar.

Mas, recusando-me o privilégio de um dia tão grande, ainda me consentiu o encanto de vos falar, de conversar convosco, presente entre vós em espírito; o que é, também, estar presente em verdade.

Assim que não me ides ouvir de longe, como a quem se sente arredado por centenas de quilômetros, mas de ao pé, de em meio a vós, como a quem está debaixo do mesmo teto, e à beira do mesmo lar, em colóquio de irmãos, ou junto dos mesmos altares, sob os mesmos campanários, elevando ao Criador as mesmas orações, e professando o mesmo credo.

Direis que isto de me achar assistindo, assim, entre os de quem me vejo separado por distância tão vasta, seria dar-se, ou supor que se está dando, no meio de nós, um verdadeiro milagre?

Será. Milagre do maior dos taumaturgos. Milagre de quem respira entre milagres. Milagre de um santo, que cada qual tem no sacrário do seu peito. Milagre do coração, que os sabe chover sobre a criatura humana, como o firmamento chove nos campos mais áridos e tristes a orvalhada das noites, que se esvai, com os sonhos de antemanhã, ao cair das primeiras frechas de oiro[1] do disco solar.

Embora o realismo dos adágios teime no contrário, tolerem-me o arrojo de afrontar uma vez a sabedoria dos provérbios. Eu me abalanço a lhes dizer e redizer de não. Não é certo, como corre mundo, ou, pelo menos, muitas e muitíssimas vezes, não é verdade, como se espalha fama, que "longe da vista, longe do coração".

O gênio dos anexins, aí, vai longe de andar certo. Esse prolóquio tem mais malícia que ciência, mais epigrama que justiça, mais engenho que filosofia. Vezes sem conto,[2]

1. Nos vocábulos em que se apresenta a alternância entre *oi/ou*, Rui prefere, no geral, a forma *oi*, mais rara atualmente.

2. *Sem conto*: variante menos empregada da locução *sem conta*.

quando se está mais fora da vista dos olhos, então (e por isso mesmo) é que mais à vista do coração estamos; não só bem à sua vista, senão bem dentro nele.

Não, filhos meus (deixai-me experimentar, uma vez que seja, convosco, este suavíssimo nome); não: o coração não é tão frívolo, tão exterior, tão carnal, quanto se cuida. Há, nele, mais que um assombro fisiológico: um prodígio moral. E o órgão da fé, o órgão da esperança, o órgão do ideal. Vê, por isso, com os olhos d'alma, o que não veem os do corpo. Vê ao longe, vê em ausência, vê no invisível, e até no infinito vê. Onde para o cérebro de ver, outorgou-lhe o Senhor que ainda veja; e não se sabe até onde. Até onde chegam as vibrações do sentimento, até onde se perdem os surtos da poesia, até onde se somem os voos da crença: até Deus mesmo, inviso como os panoramas íntimos do coração, mas presente ao céu e à terra, a todos nós presente, enquanto nos palpite, incorrupto, no seio, o músculo da vida e da nobreza e da bondade humana.

Quando ele já não estende o raio visual pelo horizonte do invisível, quando sua visão tem por limite a do nervo óptico, é que o coração, já esclerótico, ou degenerescente, e saturado nos resíduos de uma vida gasta no mal, apenas oscila mecanicamente no interior do arcaboiço, como pêndula de relógio abandonado, que agita, com as derradeiras pancadas, os vermes e a poeira da caixa. Dele se retirou a centelha divina. Até ontem lhe banhava ela de luz todo esse espaço, que nos distancia do incomensurável desconhecido, e lançava entre este e nós uma ponte de astros. Agora apagados esses luzeiros, que o inundavam de radiosa claridade, lá se foram, com o extinto cintilar das estrelas, as entreabertas do dia eterno, deixando-nos, tão-somente, entre o longínquo mistério daquele termo e o aniquilamento da nossa miséria desamparada, as trevas de outro éter, como esse que se diz encher de escuridão o vago mistério do espaço.

Entre vós, porém, moços, que me estais escutando, ainda brilha em toda a sua rutilância o clarão da lâmpada sagrada, ainda arde em toda a sua energia o centro de calor, a que se aquece a essência d'alma. Vosso coração, pois, ainda estará incontaminado; e Deus assim o preserve.

Metei a mão no seio, e aí o sentireis com a sua segunda vista. Desta, sobre tudo, é que ele nutre sua vida agitada e criadora. Pois não sabemos que, com os antepassados, vive ele da memória, do luto e da saudade? E tudo é viver no pretérito. Não sentimos como, com os nossos conviventes, se alimenta ele na comunhão dos sentimentos e índoles, das ideias e aspirações? E tudo é viver num mundo, em que estamos sempre fora deste, pelo amor, pela abnegação, pelo sacrifício, pela caridade. Não nos será claro que, com os nossos descendentes e sobreviventes, com os nossos sucessores e pósteros, vive ele de fé, esperança e sonho? Ora, tudo é viver, previvendo, é existir, preexistindo, é ver, prevendo. E, assim, está o coração, cada ano, cada dia, cada hora, sempre alimentado em contemplar o que não vê, por ter em dote dos céus a preexcelência de ver, ouvir e palpar o que os olhos não divisam, os ouvidos não escutam, e o tato não sente.

Para o coração, pois, não há passado, nem futuro, nem ausência. Ausência, pretérito e porvir, tudo lhe é atualidade, tudo presença. Mas presença animada e vivente, palpitante e criadora, neste regaço interior, onde os mortos renascem, prenascem os vindoiros, e os distanciados se ajuntam, ao influxo de um talismã, pelo qual, nesse mágico microcosmo de maravilhas, encerrado na breve arca de um peito humano, cabe, em evocações de cada instante, a humanidade toda e a mesma eternidade.

A maior de quantas distâncias logre a imaginação conceber, é a da morte; e nem esta separa entre si os que a terrível afastadora de homens arrebatou aos braços uns dos outros. Quantas vezes não entrevemos, nesse fundo obscuro e remotíssimo, uma imagem cara? quantas vezes não a vemos assomar nos longes da saudade, sorridente, ou melancólica, alvoroçada, ou inquieta, severa, ou carinhosa, trazendo-nos o bálsamo, ou o conselho, a promessa, ou o desengano, a recompensa, ou o castigo, o aviso da fatalidade, ou os presságios de bom agoiro? Quantas nos não vem conversar, afável e tranquila, ou pressurosa e sobressaltada, com o afago nas mãos, a doçura na boca, a meiguice no semblante, o pensamento na fronte, límpida, ou carregada, e lhe saímos do contato, ora seguros e robustecidos, ora transidos de cuidado e pesadume, ora cheios de novas inspirações, e cismando, para a vida, novos rumos? Quantas outras, não somos nós os que vamos chamar esses leais companheiros de além-mundo, e com eles renovar a prática[3] interrompida, ou instar com eles por um alvitre, em vão buscado, uma palavra, um movimento do rosto, um gesto, uma réstia de luz, um traço do que por lá se sabe, e aqui se ignora?

Se não há, pois, abismo entre duas épocas, nem mesmo a voragem final desta à outra vida, que não transponha a mútua atração de duas almas, não pode haver, na mesquinha superfície do globo terrestre, espaços, que não vença, com os instantâneos de presteza das vibrações luminosas, esse fluido incomparável, por onde se realiza, na esfera das comunicações morais, a maravilha da fotografia à distância no mundo positivo da indústria moderna.

Tão pouco medeia do Rio a S. Paulo! Por que não conseguiremos enxergar de um a outro cabo, em linha tão curta? Tentemos. Vejamos. Estendamos as mãos, entre os dois pontos que a limitam. Deste àquele já se estabeleceu a corrente. Rápida como o pensamento, corre a emanação magnética desta extremidade à oposta. As mãos já se encontraram. Já num aperto se confundiram as mãos, que se procuravam. Já, num amplexo de todos, nos abraçamos uns aos outros. Em S. Paulo estamos. Conversemos, amigos, de presença a presença.

Entrelaçando a colação do vosso grau com a comemoração jubilar da minha, e dando-me a honra de vos ser eu paraninfo, urdis, desta maneira, no ingresso à carreira

3. *Prática*: palestra, conversação.

que adotastes, um como vínculo sagrado entre a vossa existência intelectual, que se enceta, e a do vosso padrinho em letras, que se acerca do seu termo. Do ocaso de uma surde[4] o arrebol da outra.

Mercê, porém, de circunstâncias inopinadas, com o encerro do meu meio século de trabalho na jurisprudência se ajusta o remate dos meus cinquenta anos de serviços à nação. Já o jurista começava a olhar com os primeiros toques de saudade para o instrumento, que, há dez lustros, lhe vibra entre os dedos, lidando pelo direito, quando a consciência lhe mandou que despisse as modestas armas da sua luta, provadamente inútil, pela grandeza da pátria e suas liberdades, no parlamento.

Essa remoção da metade total de um século de vida laboriosa para o desentulho do tempo não podia consumar sem abalo sensível numa existência repentinamente decepada. Mas a comoção foi salutar; porque o espírito encontrou logo seu equilíbrio na convicção de que, afinal, me chegava eu a conhecer a mim mesmo, reconhecendo a escassez de minhas reservas de energia, para acomodar o ambiente da época às minhas ideias de reconciliação da política nacional com o regímen republicano.

Era presunção, era temeridade, era inconsciência insistir na insana pretensão da minha fraqueza. Só um predestinado poderia arrostar empresa tamanha. Desde 1892 me empenhava eu em lutar com esses mares e ventos. Não os

4. *Surde* (do vebo surdir): resulta.

venci. Venceram-me eles a mim. Era natural. Deus nos dá sempre mais do que merecemos. Já me não era pouco a graça (pela qual erguia as mãos ao céu) de abrir os olhos à realidade evidente da minha impotência, e poder recolher as velas, navegante desenganado, antes que o naufrágio me arrancasse das mãos a bandeira sagrada.

Tenho o consolo de haver dado a meu país tudo o que me estava ao alcance: a desambição, a pureza, a sinceridade, os excessos de atividade incansável, com que, desde os bancos acadêmicos, o servi, e o tenho servido até hoje.

Por isso me saí da longa odisseia sem créditos de Ulisses.[5] Mas, se o não soube imitar nas artes medrançosas de político fértil em meios e manhas, em compensação tudo envidei por inculcar ao povo os costumes da liberdade e à república as leis do bom governo, que prosperam os Estados, moralizam as sociedades, e honram as nações.

Preguei, demonstrei, honrei a verdade eleitoral, a verdade constitucional, a verdade republicana. Pobres clientes estas, entre nós, sem armas, nem oiro, nem consideração, mal achavam, em uma nacionalidade esmorecida e indiferente, nos títulos rotos do seu direito, com que habilitar o mísero advogado a sustentar-lhes com alma, com dignidade, com sobrançaria, as desprezadas reivin-

5. Ulisses, herói do poema épico grego *Odisséia*, de Homero, era descrito como astuto e estrategista. Por isso o uso do adjetivo medrançosas na linha seguinte, significando algo como "engenhosas".

dicações. As três verdades não podiam alcançar melhor sentença no tribunal da corrupção política do que o Deus vivo no de Pilatos.

Quem por uma causa destas combateu, abraçado com ela, em vinte e oito anos da sua Via Dolorosa, não se pode ter habituado a maldizer, senão a perdoar, nem a descrer, senão a esperar. Descrer da cegueira humana, sim; mas da Providência, fatal nas suas soluções, bem que (ao parecer) tarda nos seus passos, isso nunca.

Assim que a bênção do paraninfo não traz fel. Não lhe encontrareis no fundo nem rancor, nem azedume, nem despeito. *Os maus* só lhe inspiram tristeza e piedade. Só *o mal* é o que o inflama em ódio. Porque o ódio ao mal é amor do bem, e a ira contra o mal, entusiasmo divino. Vede Jesus despejando os vendilhões do tempo, ou Jesus provando a esponja amarga no Gólgota.[6] Não são o mesmo Cristo, esse ensanguentado Jesus do Calvário e aqueloutro, o Jesus iroso, o Jesus armado, o Jesus do látego inexorável? Não serão um só Jesus, o que morre pelos bons, e o que açoita os maus?

O padre Manuel Bernardes pregava, numa das suas *Silvas*:

> Bem pode haver ira, sem haver pecado. *Irascimini, et nolite peccare.* E às vezes poderá haver pecado, se não houver ira; porquanto a paciência e silêncio fomenta a negligência dos maus, e tenta a perseverança dos bons. *Qui cum causa non*

6. Gólgota é o nome transliterado do aramaico para o Calvário, colina onde Cristo foi crucificado.

irascitur, peccat (diz um padre); patientia enim irrationabilis vitia seminat, negligentiam nutrit, et non solum malos, sed etiam bonos invitat ad malum. Nem o irar-se nestes termos é contra a mansidão; porque esta virtude compreende dois atos: um é reprimir a ira, quando é desordenada; outro, excitá-la, quando convém. A ira se compara ao cão, que ao ladrão ladra, ao senhor festeja, ao hóspede nem festeja, nem ladra: e sempre faz o seu ofício. E assim quem se agasta nas ocasiões, e contra as pessoas, que convém agastar-se, bem pode, com tudo isso, ser verdadeiramente manso. *Qui igitur (disse o Filósofo) ad quae oportet, et quibus oportet, irascitur, laudatur, esseque is mansuetus potest.*[7]

Nem toda ira, pois, é maldade; porque a ira, se, as mais das vezes, rebenta agressiva e daninha, muitas outras, oportuna e necessária, constitui o específico da cura. Ora deriva da tentação infernal, ora de inspiração religiosa. Comumente se acende em sentimentos desumanos e paixões cruéis; mas não raro flameja do amor santo e da verdadeira caridade. Quando um braveja contra o bem, que não entende, ou que o contraria, é ódio iroso, ou ira odienta. Quando verbera o escândalo, a brutalidade, ou o orgulho, não é agrestia rude, mas exaltação virtuosa; não é soberba, que explode, mas indignação que ilumina; não é raiva desaçaimada, mas correção fraterna. Então, não somente não peca o que se irar, mas pecará, não se irando.

7. *Luz e Carlor*, 1ª ed., 1696, pp. 271–272 XVIII. [N. A.]

Cólera será; mas cólera da mansuetude, cólera da justiça, cólera que reflete a de Deus, face também celeste do amor, da misericórdia e da santidade.

Dela esfuzilam centelhas, em que se abrasa, por vezes, o apóstolo, o sacerdote, o pai, o amigo, o orador, o magistrado. Essas faúlhas da substância divina atravessam o púlpito, a cátedra, a tribuna, o rostro,[8] a imprensa, quando se debatem, ante o país, ou o mundo, as grandes causas humanas, as grandes causas nacionais, as grandes causas populares, as grandes causas sociais, as grandes causas da consciência religiosa. Então a palavra se eletriza, brame, lampeja, atroa, fulmina. Descargas sobre descargas rasgam o ar, incendeiam o horizonte, cruzam em raios o espaço. É a hora das responsabilidades, a hora da conta e do castigo, a hora das apóstrofes, imprecações e anátemas, quando a voz do homem reboa como o canhão, a arena dos combates da eloquência estremece como campo de batalha, e as siderações da verdade, que estala sobre as cabeças dos culpados, revolvem o chão, coberto de vítimas e destroços incruentos, com abalos de terremoto. Ei-la aí a cólera santa! Eis a ira divina!

Quem, senão ela, há de expulsar do templo o renegado, o blasfemo, o profanador, o simoníaco? quem, senão ela, exterminar da ciência o apedeuta, o plagiário, o charlatão? quem, senão ela, banir da sociedade o imoral, o corruptor, o libertino? quem, senão ela, varrer dos serviços do Es-

8. *Rostro*: tribuna dos oradores romanos, adornada com proas de navios dos seus inimigos.

tado o prevaricador, o concussionário e o ladrão público? quem, senão ela, precipitar do governo o negocismo, a prostituição política, ou a tirania? quem, senão ela, arrancar a defesa da pátria à cobardia, à inconfidência ou à traição? Quem, senão ela, ela a cólera do celeste inimigo dos vendilhões e dos hipócritas? a cólera do justo, crucifixo entre ladrões? a cólera do Verbo da verdade, negado pelo poder da mentira? a cólera da santidade suprema, justiçada pela mais sacrílega das opressões?

Todos os que nos dessedentamos nessa fonte, os que nos saciamos desse pão, os que adoramos esse ideal, nela vamos buscar a chama incorruptível. É dela que, ao espetáculo ímpio do mal tripudiante sobre os reveses do bem, rebenta em labaredas a indignação, golfa a cólera em borbotões das fráguas da consciência, e a palavra saí, rechinando, esbraseando, chispando como o metal candente dos seios da fornalha.

Esse metal nobre, porém, na incandescência da sua ebulição, não deixa escória. Pode crestar os lábios, que atravessa. Poderá inflamar por momentos o irritado coração, de onde jorra. Mas não o degenera, não o macula, não o resseca, não o caleja, não o endurece; e, no fundo, são da urna onde tumultuavam essas procelas, e donde borbotam essas erupções, não assenta um rancor, uma inimizade, uma vingança. As reações da luta cessam, e fica, de envolta com o aborrecimento ao mal, o relevamento dos males padecidos.

Nest'alma, tantas vezes ferida e traspassada tantas vezes, nem de agressões, nem de infamações, nem de preterições, nem de ingratidões, nem de perseguições, nem de traições, nem de expatriações perdura o menor rasto, a menor ideia de revindita. Deus me é testemunha de que tudo tenho perdoado. E, quando lhe digo, na oração dominical: "Perdoai-nos, Senhor, as nossas dívidas, assim como nós perdoamos aos nossos devedores",[9] julgo não lhe estar mentindo; e a consciência me atesta que, até onde alcance a imperfeição humana, tenho conseguido, e consigo todos os dias obedecer ao sublime mandamento. Assim me perdoem, também, os a quem tenho agravado, os com quem houver sido injusto, violento, intolerante, maligno, ou descaridoso.

Estou-vos abrindo o livro da minha vida. Se me não quiserdes aceitar como expressão fiel da realidade esta versão rigorosa de uma das suas páginas, com que mais me consolo, recebei-a, ao menos, como ato de fé, ou como conselho de pai a filhos, quando não como o testamento de uma carreira, que poderá ter discrepado, muitas vezes, do bem, mas sempre o evangelizou com entusiasmo, o procurou com fervor, e o adorou com sinceridade.

Desde que o tempo começou, lento lento, a me decantar o espírito do sedimento das paixões, com que o verdor dos anos e o amargor das lutas o enturbavam, entrando eu a considerar com filosofia nas leis da natureza humana,

9. Assim era enunciado, até a década de 1970, este conhecido trecho do Pai-Nosso.

fui sentindo quanto esta necessita da contradição, como a lima dos sofrimentos a melhora, a que ponto o acerbo das provações a expurga, a tempera, a nobilita, a regenera. Então vim a perceber vivamente que imensa dívida cada criatura da nossa espécie deve aos seus inimigos e desfortunas. Por mais desagrestes[10] que sejam os contratempos da sorte e as maldades dos homens, raro nos causam mal tamanho, que nos não façam ainda maior bem. Ai de nós, se esta purificação gradual, que nos deparam as vicissitudes cruéis da existência, não encontrasse a colaboração providencial da fortuna adversa e dos nossos desafetos. Ninguém mete em conta o serviço contínuo, de que lhes está em obrigação.

Diríeis, até, que, mandando-nos amar aos nossos inimigos, em boa parte nos quis o divino legislador entremostrar o muito, de que eles nos são credores. A caridade com os que nos malquerem, e os que nos malfazem, não é, em bem larga escala, senão pago dos benefícios, que, mal a seu grado, mas muito deveras, eles nos granjeiam.

Destarte, não equivocaremos a aparência com a realidade, se, nos dissabores que malquerentes e malfazentes nos propinam, discernirmos a quota de lucro, com que eles, não levando em tal o sentido, quase sempre nos favorecem. Quanto é pela minha parte, o melhor do que sou, bem assim o melhor do que me acontece, frequentemente acaba o tempo convencendo-me de que não me vem das

10. *Desagrestes*: muito agrestes. O prefixo *des-* designando intensidade, e não negação.

doçuras da fortuna propícia, ou da verdadeira amizade, senão sim que o devo, principalmente, às maquinações dos malévolos e às contradições da sorte madrasta. Que seria, hoje, de mim, se o veto dos meus adversários, sistemático e pertinaz, me não houvesse poupado aos tremendos riscos dessas alturas, "alturas de Satanás", como as de que fala o Apocalipse, em que tantos se têm perdido, mas a que tantas vezes me tem tentado exalçar o voto dos meus amigos? Amigos e inimigos estão, amiúde, em posições trocadas. Uns nos querem mal, e fazem-nos bem. Outros nos almejam o bem, e nos trazem o mal.

Não poucas vezes, pois, razão é lastimar o zelo dos amigos, e agradecer a malevolência dos opositores. Estes nos salvam, quando aqueles nos extraviam. De sorte que, no perdoar aos inimigos, muita vez não vai semente caridade cristã, senão também justiça ordinária e reconhecimento humano. E, ainda quando, aos olhos de mundo, como aos do nosso juízo descaminhado, tenham logrado a nossa desgraça, bem pode ser que, aos olhos da filosofia, aos da crença e aos da verdade suprema, não nos hajam contribuído senão para a felicidade.

Este, senhores, será um saber vulgar, um saber rasteiro, "um saber só de experiência feito".[11]

Não é o saber da ciência, que se libra acima das nuvens, e alteia o voo soberbo, além das regiões siderais, até aos páramos indevassáveis do infinito. Mas, ainda assim,

11. Camões, *Os lusíadas*, IV, 94.

este saber fácil mereceu a Camões o ter a sua legenda insculpida em versos imortais; quanto mais a nós outros, *bichos da terra tão pequenos*,[12] a ninharia de ocupar divagações, como estas, de um dia, folhas de árvore morta, que, talvez, não vinguem ao de amanhã.

Da ciência estamos aqui numa catedral. Não cabia em um velho catecúmeno vir ensinar a religião aos seus bispos e pontífices, nem aos que agora nela recebem as ordens do seu sacerdócio. E hoje é féria, ensejo para tréguas ao trabalho ordinário, quase dia santo. Labutastes a semana toda, o vosso curso de cinco anos, com teorias, hipóteses e sistemas, com princípios, teses e demonstrações, com leis, códigos e jurisprudências, com expositores, intérpretes e escolas. Chegou o momento de vos assentardes, mão por mão,[13] com os vossos sentimentos, de vos pordes à fala com a vossa consciência, de praticardes familiarmente com os vossos afetos, esperanças e propósitos.

Eis ao que vem o padrinho, o velho, o abendiçoador, carregado de anos e tradições, versado nas longas lições do tempo, mestre de humildade, arrependimento e desconfiança, nulo entre os grandes da inteligência, grande entre os experimentados na fraqueza humana. Que se feche, pois, alguns momentos, o livro da ciência; e folheemos juntos o da experiência. Desaliviemo-nos do saber

12. Referência ao último verso do canto I de *Os lusíadas*.
13. *Mão por mão*: intimamente.

humano, carga formidável, e voltemo-nos uma hora para este outro, leve, comezinho, desalinhado, conversável, seguro, sem altitudes, nem despenhadeiros.

Ninguém, senhores meus, que empreenda uma jornada extraordinária, primeiro que meta o pé na estrada, se esquecerá de entrar em conta com as suas forças, por saber se a levarão ao cabo. Mas, na grande viagem, na viagem de trânsito deste a outro mundo, não há *possa, ou não possa,* não há querer, ou não querer. A vida não tem mais que duas portas: uma de entrar, pelo nascimento; outra de sair, pela morte. Ninguém, cabendo-lhe a vez, se poderá furtar à entrada. Ninguém, desde que entrou, em lhe chegando o turno, se conseguirá evadir à saída. E, de um ao outro extremo, vai o caminho, longo, ou breve, ninguém o sabe, entre cujos termos fatais se debate o homem, pesaroso de que entrasse, receoso da hora em que saia, cativo de um e outro mistério, que lhe confinam a passagem terrestre.

Não há nada mais trágico do que a fatalidade inexorável deste destino, cuja rapidez ainda lhe agrava a severidade.

Em tão breve trajeto cada um há de acabar a sua tarefa. Com que elementos? Com os que herdou, e os que cria. Aqueles são a parte da natureza. Estes, a do trabalho.

A parte da natureza varia ao infinito. Não há, no universo, duas coisas iguais. Muitas se parecem umas às outras. Mas todas entre si diversificam. Os ramos de uma só árvore, as folhas da mesma planta, os traços da polpa de um dedo humano, as gotas do mesmo fluido, os argueiros do mesmo pó, as raias do espectro de um só raio solar ou estelar. Tudo assim, desde os astros, no céu, até os micróbios no sangue, desde as nebulosas no espaço, até aos aljôfares do rocio na relva dos prados.

A regra da igualdade não consiste senão em quinhoar desigualmente aos desiguais, na medida em que se desigualam. Nesta desigualdade social, proporcionada à desigualdade natural, é que se acha a verdadeira lei da igualdade. O mais são desvarios da inveja, do orgulho, ou da loucura. Tratar com desigualdade a iguais, ou a desiguais com igualdade, seria desigualdade flagrante, e não igualdade real. Os apetites humanos conceberam inverter a norma universal da criação, pretendendo, não dar a cada um, na razão do que vale, mas atribuir o mesmo a todos, como se todos se equivalessem.

Esta blasfêmia contra a razão e a fé, contra a civilização e a humanidade, é a filosofia da miséria, proclamada em nome dos direitos do trabalho; e, executada, não faria senão inaugurar, em vez da supremacia do trabalho, a organização da miséria.

Mas, se a sociedade não pode igualar os que a natureza criou desiguais, cada um, nos limites da sua energia moral, pode reagir sobre as desigualdades nativas, pela educação, atividade e perseverança. Tal a missão do trabalho.

Os portentos, de que esta força é capaz, ninguém os calcula. Suas vitórias na reconstituição da criatura maldotada só se comparam às da oração.

Oração e trabalho são os recursos mais poderosos na criação moral do homem. A oração é o íntimo sublimar-se d'alma pelo contato com Deus. O trabalho é o inteirar, o desenvolver, o apurar das energias do corpo e do espírito, mediante a ação contínua de cada um sobre si mesmo e sobre o mundo onde labutamos.

O indivíduo que trabalha, acerca-se continuamente do autor de todas as coisas, tomando na sua obra uma parte, de que depende também a dele. O Criador começa, e a criatura acaba a criação de si própria.

Quem quer, pois, que trabalhe, está em oração ao Senhor. Oração pelos atos, ela emparelha com a oração pelo culto. Nem pode ser que uma ande verdadeiramente sem a outra. Não é trabalho digno de tal nome o do mau; porque a malícia do trabalhador o contamina. Não é oração aceitável a do ocioso; porque a ociosidade a dessagra. Mas, quando o trabalho se junta à oração, e a oração com o trabalho, a segunda criação do homem, a criação do homem pelo homem, semelha às vezes, em maravilhas, à criação do homem pelo divino Criador.

Ninguém desanime, pois, de que o berço lhe não fosse generoso, ninguém se creia malfadado, por lhe minguarem de nascença haveres e qualidades. Em tudo isso não há surpresas, que se não possam esperar da tenacidade e santidade no trabalho. Quem não conhece a história do padre Suarez, o autor do tratado *Das Leis e de Deus Legislador (De Legibus ac Deo Legislatore)*, monumento jurídico, a que os trezentos anos de sua idade ainda não gastaram o conceito de honra das letras castelhanas? De cinquenta aspirantes, que, em 1564, solicitavam, em Salamanca, ingresso à Companhia de Jesus, esse foi o único rejeitado, por curto de entendimento e revesso ao ensino. Admitido, todavia, a insistências suas, com a nota de *indiferente*, embora primasse entre os mais aplicados, tudo lhe eram, no estudo, espessas trevas. Não avançava um passo, Afinal, por consenso de todos, passava por invencível a sua incapacidade. Confessou-a, por fim, ele mesmo, requerendo ao reitor, o célebre padre Martin Gutierrez, que o escusasse da vida escolar, e o entregasse aos misteres corporais de irmão coadjutor. Gutierrez animou-o a orar, persistir, e esperar. De repente se lhe alagou de claridade a inteligência. Mergulhou-se, então, cada vez mais no estudo; e daí, com estupenda mudança, começa a deixar ver o a que era destinada aquela extraordinária cabeça, até esse tempo submersa em densa escuridade.

Já é mestre insigne, já encarna todo o saber da renascença teológica, em que brilham as letras de Espanha.[14] Sucessivamente ilustra as cadeiras de filosofia, teologia e cânones nas mais famosas universidades europeias: em Segóvia, em Valhadolid, em Roma, em Alcalá, em Salamanca, em Ávila, em Coimbra. Nos seus setenta anos de vida, professa as ciências teológicas durante quarenta e sete, escreve cerca de duzentos volumes, e morre compa-

14. Uso clássico da língua, que dispensa o artigo antes do nome de países e regiões familiarmente ligados a Portugal, como Espanha, França, Inglaterra, África.

rado com Santo Agostinho e S. Tomás, abaixo de quem houve quem o considerasse "o maior engenho, que tem tido a igreja";[15] sendo tal a sua nomeada, ainda entre os protestantes, que deste jesuíta, como teólogo e filósofo, chegou a dizer Grócio que "apenas havia quem o igualasse".

Já vedes que ao trabalho nada é impossível. Dele não há extremos, que não sejam de esperar. Com ele nada pode haver, de que desesperar.

Mas, do século XVI ao século XX, o que as ciências cresceram, é incomensurável. Entre o currículo da teologia e filosofia no primeiro, e o programa de um curso jurídico, no segundo, a distância é infinita. Sobre os mestres, os sábios e os estudantes de agora pesam montanhas e montanhas mais de questões, problemas e estudos que quantos, há três ou quatro séculos, se abrangiam no saber humano.

O trabalho, pois, vos há de bater à porta dia e noite; e nunca vos negueis às suas visitas, se quereis honrar vossa vocação, e estais dispostos a cavar nos veios de vossa natureza, até dardes com os tesoiros, que aí vos haja reservado, com ânimo benigno, a dadivosa Providência. Ouvistes o aldrabar[16] da mão oculta, que vos chama ao estudo? Abri, abri, sem detença. Nem por vir muito cedo,

15. P^e^ Francisco Suarez: *Tratado de las Leyes y de Dios Legislador*. Ed. de Madrid, 1918. Tomo I, p. XXXVII. [N. A.]

16. *Aldrabar*: fechar com aldraba (tranca).

lho leveis a mal, lho tenhais à conta de importuna. Quanto mais matutinas essas interrupções do vosso dormir, mais lhas deveis agradecer.

O amanhecer do trabalho há de antecipar-se ao amanhecer do dia. Não vos fieis muito de quem esperta já sol nascente, ou sol nado.[17] Curtos se fizeram os dias, para que nós os dobrássemos, madrugando. Experimentai, e vereis quanto vai do deitar tarde ao acordar cedo. Sobre a noite o cérebro pende ao sono. Antemanhã, tende a despertar.

Não invertais a economia do nosso organismo: não troqueis a noite pelo dia, dedicando este à cama, e aquela às distrações. O que se esperdiça para o trabalho com as noitadas inúteis, não se lhe recobra com as manhãs de extemporâneo dormir, ou as tardes de cansado labutar. A ciência, zelosa do escasso tempo que nos deixa a vida, não dá lugar aos tresnoites libertinos. Nem a cabeça já exausta, ou estafada nos prazeres, tem onde caiba o inquirir, o revolver, o meditar do estudo.

Os próprios estudiosos desacertam, quando, iludidos por um hábito de inversão, antepõem o trabalho, que entra pela noite, ao que precede o dia. A natureza nos está mostrando com exemplos a verdade. Toda ela, nos viventes, ao anoitecer, inclina para o sono. A esta lição geral só abrem triste exceção os animais sinistros e os carniceiros. Mas, quando se avizinha o volver da luz, muito antes que

17. *Nado*: particípio passado de *nascer*, variação de nascido.

ela arraie a natureza, e ainda primeiro que alvoreça no firmamento, já rompeu na terra em cânticos a alvorada, já se orquestram de harmonias e melodias campos e selvas, já o galo, não o galo triste do luar dos sertões do nosso Catulo, mas o galo festivo das madrugadas, retine ao longe a estridência dos seus clarins, vibrantes de jubilosa alegria.

Ouvi, no poema de Jó, a voz do Senhor, perguntando a seu servo, onde estava, quando o louvavam as estrelas da manhã: *Ubi eras cum me laudarent simul astra matutina?* E que têm mais as estrelas da manhã, dizia um grande escritor nosso, "que têm mais as estrelas da manhã que as da tarde, ou as da noite, para fazer Deus mais caso do louvor de umas que das outras? não é ele o Senhor do tempo, que deve ser louvado a todo o tempo, não só da luz, mas também das trevas? Assim é; porém as estrelas da manhã têm esta vantagem que madrugam, antecipam-se, e despertam aos outros, que se levantem a servir a Deus. Pois disto é que Deus se honra, e agrada em presença de Jó".[18]

Tomai exemplo, estudantes e doutores, tomai exemplo das estrelas da manhã, e gozareis das mesmas vantagens: não só a de levantardes mais cedo a Deus a oração do trabalho, mas a de antecederdes aos demais, logrando mais para vós mesmos, e estimulando os outros a que vos rivalizem no ganho bendito.

18. P^e^ M. Bernardes: *Sermões e práticas*, 1ª ed., de 1762. Parte I, p. 297. [N. A.]

Há estudar, e estudar. Há trabalhar, e trabalhar. Desde que o mundo é mundo, se vem dizendo que o homem nasce para o trabalho: *Homo nascitur ad laborem.*[19] Mas o trabalhar é como o semear, onde tudo vai muito das sazões, dos dias e das horas. O cérebro, cansado e seco do laborar diurno, não acolhe bem a semente: não a recebe fresco e de bom grado, como a terra orvalhada. Nem a colheita acode tão suave às mãos do lavrador, quando o torrão já lhe não está sorrindo entre o sereno da noite e os alvores do dia.

Assim, todos sabem que para trabalhar nascemos. Mas muitos somos os que ignoramos certas condições, talvez as mais elementares, do trabalho, ou, pelo menos, mui poucos os que as praticamos. Quantos serão os que acreditem que os melhores trabalhadores sejam os melhores madrugadores? que os mais estudiosos não sejam os que oferecem ao estudo os sobejos do dia, mas os que o honram com as primícias da manhã?

Dirão que tais trivialidades, cediças e corriqueiras, não são para contempladas[20] num discurso acadêmico, nem para escutadas entre doutores, lentes e sábios. Cada um se avém como entende, e faz o que pode. Mas eu, nisto aqui, faço ainda o que devo. Porque, vindo pregar-vos experiência, cumpria que relevasse mais a que mais sobressai na minha estirada carreira de estudante.

19. Jó, V, 7. [N. A.]

20. *Não são para contempladas*: para serem contempladas. Uso clássico da língua, em que é usual a elipse do verbo *ser*.

Estudante sou. Nada mais. Mau sabedor, fraco jurista, mesquinho advogado, pouco mais sei do que saber estudar, saber como se estuda, e saber que tenho estudado. Nem isso mesmo sei se saberei bem. Mas, do que tenho logrado saber, o melhor devo às manhãs e madrugadas. Muitas lendas se têm inventado, por aí, sobre excessos da minha vida laboriosa. Deram, nos meus progressos intelectuais, larga parte ao uso em abuso do café e ao estímulo habitual dos pés mergulhados n'água fria. Contos de imaginadores. Refratário sou ao café. Nunca recorri a ele como a estimulante cerebral. Nem uma só vez na minha vida busquei num pedilúvio o espantalho do sono.

Ao que devo, sim, o mais dos frutos do meu trabalho, a relativa exabundância de sua fertilidade, a parte produtiva e durável da sua safra, é às minhas madrugadas. Menino ainda, assim que entrei ao colégio, alvidrei eu mesmo a conveniência desse costume, e daí avante o observei, sem cessar, toda a vida. Eduquei nele o meu cérebro, a ponto de espertar exatamente à hora, que comigo mesmo assentava, ao dormir. Sucedia, muito amiúde, encetar eu a minha solitária banca de estudo a uma ou às duas da antemanhã. Muitas vezes me mandava meu pai volver ao leito; e eu fazia apenas que lhe obedecia, tornando, logo após, àquelas amadas lucubrações, as de que me lembro com saudade mais deleitosa e entranhável.

Tenho, ainda hoje, convicção de que nessa observância persistente está o segredo feliz, não só das minhas primeiras vitórias no trabalho, mas de quantas vantagens alcancei jamais levar aos meus concorrentes, em todo o andar dos anos, até à velhice. Muito há que já não subtraio tanto às horas da cama, para acrescentar às do estudo. Mas o sistema ainda perdura, bem que largamente cerceado nas antigas imoderações. Até agora, nunca o sol deu comigo deitado e, ainda hoje, um dos meus raros e modestos desvanecimentos é o de ser grande madrugador, madrugador impenitente.

Mas, senhores, os que madrugam no ler, convém madrugarem também no pensar. Vulgar é o ler, raro o refletir. O saber não está na ciência alheia, que se absorve, mas, principalmente, nas ideias próprias, que se geram dos conhecimentos absorvidos, mediante a transmutação, por que passam, no espírito que os assimila. Um sabedor não é armário de sabedoria armazenada, mas transformador reflexivo de aquisições digeridas.

Já se vê quanto vai do saber aparente ao saber real. O saber de aparência crê e ostenta saber tudo. O saber de realidade, quanto mais real, mais desconfia, assim do que vai apreendendo, como do que elabora.

Haveis de conhecer, como eu conheço, países, onde quanto menos ciência se apurar, mais sábios florescem. Há, sim, dessas regiões, por este mundo além. Um homem (nessas terras de promissão) que nunca se mostrou lido ou sabido em coisa nenhuma, tido e havido é por corrente e moente[21] no que quer que seja; porque assim o aclamam as trombetas da política, do elogio mútuo, ou dos

21. *Corrente e moente*: entendido, habilitato.

corrilhos pessoais, e o povo subscreve a néscia atoarda. Financeiro, administrador, estadista, chefe de Estado, ou qualquer outro lugar de ingente situação e assustadoras responsabilidades, é, a pedir de boca, o que se diz mão de pronto desempenho, fórmula viva a quaisquer dificuldades, chave de todos os enigmas.

Tenham por averiguado que, onde quer que o colocarem, dará conta o sujeito das mais árduas empresas e solução aos mais emaranhados problemas. Se em nada se aparelhou, está em tudo e para tudo aparelhado. Ninguém vos saberá informar por quê. Mas todo o mundo vo-lo dará por líquido e certo. Não aprendeu nada, e sabe tudo. Ler, não leu. Escrever, não escreveu. Ruminar, não ruminou. Produzir, não produziu. E um improviso onisciente, o fenômeno de que poetava Dante:

> *In picciol tempo gran dottor si feo*[*,22]

A esses homens-panaceias, a esses empreiteiros de todas as empreitadas, a esses aviadores de todas as encomendas, se escancelam os portões da fama, do poderio, da grandeza, e, não contentes de lhes aplaudir entre os da terra a nulidade, ainda, quando Deus quer, a mandam expor à admiração do estrangeiro.

*. *Paradiso, XII, 85.* [N. A.]
22. "Em pouco tempo grão doutor se fez".

Pelo contrário, os que se tem por notório e incontestável excederem o nível da instrução ordinária, esses para nada servem. Por quê? Porque "sabem demais". Sustenta-se aí que a competência reside, justamente, na incompetência. Vai-se, até, ao incrível de se inculcar "o medo aos preparados", de havê-los como cidadãos perigosos, e ter-se por dogma que um homem, cujos estudos passarem da craveira vulgar, não poderia ocupar qualquer posto mais grado no governo, em país de analfabetos. Se o povo é analfabeto, só ignorantes estarão em termos de o governar. Nação de analfabetos, governo de analfabetos. E o que eles, muita vez às escâncaras, e em letra redonda, por aí dizem.

Sócrates, certo dia, numa das suas conversações, que *O primeiro Alcibíades*[23] nos deixa escutar ainda hoje, dava grande lição de modéstia ao interlocutor, dizendo-lhe, com a costumada lhaneza: "A pior espécie de ignorância é cuidar uma pessoa saber o que não sabe... Tal, meu caro Alcibíades, o teu caso. Entraste pela política, antes de a teres estudado. E não és tu só o que te vejas nessa condição: é esta mesma a da mor parte dos que se metem nos negócios da república. Apenas excetuo exíguo número, e pode ser que, unicamente, a Péricles, teu tutor; porque tem cursado os filósofos".

23. Um dos diálogos de Platão, por meio dos quais foram transmitidos os ensinamentos de Sócrates.

Vede agora os que intentais exercitar-vos na ciência das leis, e vir a ser seus intérpretes, se de tal jeito é que conceberíeis sabê-las, e executá-las. Desse jeito; isto é: como as entendiam os políticos da Grécia, pintada pelo mestre de Platão.

Uma vez, que Alcibíades discutia com Péricles, em palestra registrada por Xenofonte, acertou[24] de se debater o que seja *lei*, e quando exista, ou não exista.

— Que vem a ser *lei*? — indaga Alcibíades.

— A expressão da vontade do povo — responde Péricles.

— Mas que é o que determina esse povo? O bem, ou o mal? — replica-lhe o sobrinho.

— Certo que o bem, mancebo.

— Mas, sendo uma oligarquia quem mande, isto é, um diminuto número de homens, serão, ainda assim, respeitáveis as lei?

— Sem dúvida.

— Mas, se a disposição vier de um tirano? Se ocorrer violência, ou ilegalidade? Se o poderoso coagir o fraco? Cumprirá, todavia, obedecer?

Péricles hesita; mas acaba admitindo:

— Creio que sim.

— Mas então — insiste Alcibíades — o tirano, que constrange os cidadãos a lhe acatarem os caprichos, não será, esse sim, o inimigo das *leis*?

24. *Acertou*: aconteceu.

— Sim; vejo agora que errei em chamar *leis* às ordens de um tirano, costumado a mandar, sem persuadir.

— Mas, quando um diminuto número de cidadãos impõe seus arbítrios à multidão, daremos, ou não, a isso o nome de violência?

— Parece-me a mim — concede Péricles, cada vez mais vacilante —, que, em caso tal, é de violência que se trata, não *de lei.*

Admitido isso, já Alcibíades triunfa:

— Logo, quando a multidão, governando, obrigar os ricos, sem consenso destes, não será, também, violência, e não *lei*?

Péricles não acha que responder; e a própria razão não o acharia. Não é *lei* a lei, senão quando assenta no consentimento da maioria, já que, exigido o de todos, *desiderandum*[25] irrealizável, não haveria meio jamais de se chegar a uma lei.

Ora, senhores bacharelandos, pesai bem que vos ides consagrar à *lei*, num país onde a lei absolutamente não exprime o consentimento *da maioria*, onde são as minorias, as oligarquias mais acanhadas, mais impopulares e menos respeitáveis, as que põem, e dispõem, as que mandam, e desmandam em tudo; a saber: num país, onde, verdadeiramente, *não há lei*, não há, moral política ou juridicamente falando.

25. *Desiderandum*: que se deve idealmente desejar.

Considerai, pois, nas dificuldades, em que se vão enleiar os que professam a missão de sustentáculos e auxiliares *da lei*, seus mestres e executores.

É verdade que a execução corrige, ou atenua, muitas vezes, a legislação de má nota. Mas, no Brasil, a *lei* se deslegítima, anula e torna *inexistente*, não só pela bastardia da origem, senão ainda pelos horrores da aplicação.

Ora, dizia S. Paulo que boa é a lei, onde se executa legitimamente. *Bona est lex, si quis ea legitime utatur*[26] Quereria dizer: Boa é a lei quando executada com retidão. Isto é: boa será, em havendo no executor a virtude, que no legislador não havia. Porque só a moderação, a inteireza e a equidade, no aplicar das más leis, as poderiam, em certa medida, escoimar da impureza, dureza e maldade, que encerrarem. Ou, mais lisa e claramente, se bem o entendo, pretenderia significar o apóstolo das gentes que mais vale a lei má, quando *inexecutada*, ou mal *executada* (para o bem), que a boa lei, sofismada e não observada (contra ele).

Que extraordinário, que imensurável, que, por assim dizer, estupendo e sobre-humano, logo, não será, em tais condições, o papel da justiça! Maior que o da própria legislação. Porque, se dignos são os juízes, como parte suprema, que constituem, no executar das leis, — em sendo justas, lhes manterão eles a sua justiça, e, injustas, lhes poderão moderar, se não, até, no seu tanto, corrigir a injustiça.

26. S. Paulo: *1 Tim.* I, 8. [N. A.]

De nada aproveitam leis, bem se sabe, não existindo quem as ampare contra os abusos; e o amparo sobre todos essencial é o de uma justiça tão alta no seu poder, quanto na sua missão. "Aí temos as leis", dizia o Florentino.[27] "Mas quem lhes há de ter mão?[28] Ninguém".

Le leggi son, ma chi pon mano ad esse?
Nullo[*,29]

Entre nós não seria lícito responder assim tão em absoluto à interrogação do poeta. Na Constituição brasileira, a mão que ele não via na sua república e em sua época, a mão sustentadora das leis, aí a temos, hoje, criada, e tão grande, que nada lhe iguala a majestade, nada lhe rivaliza o poder. Entre as leis, aqui, entre as leis ordinárias e a lei das leis, é a justiça quem decide, fulminando aquelas, quando com esta colidirem.

Soberania tamanha só nas federações de molde norte-americano cabe ao poder judiciário, subordinado aos outros poderes nas demais formas de governo, mas, nesta, superior a todos.

27. Referência ao poeta italiano Dante Alighieri, já citado anteriormente no verso "*In picciol tempo gran dottor si feo*".
28. *Quem lhes há de ter mão*: "quem lhes há de garantir a execução".
*. Dante: *Purgatório*, XVI, 97–98. [N. A.]
29. "As leis aí estão, mas quem as vai reger? Ninguém."

Dessas democracias, pois, o eixo é a justiça, eixo não abstrato, não supositício, não meramente moral, mas de uma realidade profunda, e tão seriamente implantado no mecanismo do regímen, tão praticamente embebido através de todas as suas peças, que, falseando ele ao seu mister, todo o sistema cairá em paralisia, desordem e subversão. Os poderes constitucionais entrarão em conflitos insolúveis, as franquias constitucionais ruirão por terra, e da organização constitucional, do seu caráter, das suas funções, de suas garantias apenas restarão destroços.

Eis o de que nos há de preservar a justiça brasileira, se a deixarem sobreviver, ainda que agredida, oscilante e malsegura, aos outros elementos constitutivos da república, no meio das ruínas, em que mal se conservam ligeiros traços da sua verdade.

Ora, senhores, esse poder eminencialmente necessário, vital e salvador, tem os dois braços, nos quais aguenta a lei, em duas instituições: a magistratura e a advocacia, tão velhas como a sociedade humana, mas elevadas ao cem-dobro, na vida constitucional do Brasil, pela estupenda importância, que o novo regímen veio dar à justiça.

Meus amigos, é para colaborardes em dar existência a essas duas instituições que hoje saís daqui habilitados. Magistrados ou advogados sereis. São duas carreiras quase sagradas, inseparáveis uma da outra, e, tanto uma como a outra, imensas nas dificuldades, responsabilidades e utilidades.

Se cada um de vós meter bem a mão na consciência, certo que tremerá da perspectiva. O tremer próprio é dos que se defrontam com as grandes vocações, e são talhados para as desempenhar. O tremer, mas não o descorçoar. O tremer, mas não o renunciar. O tremer, com o ousar. O tremer, com o empreender. O tremer, com o confiar. Confiai, senhores. Ousai. Reagi. E haveis de ser bem sucedidos. Deus, pátria, e trabalho. Metei no regaço essas três fés, esses três amores, esses três signos santos. E segui, com o coração puro. Não hajais medo a que a sorte vos ludibrie. Mais pode que os seus azares a constância, a coragem e a virtude.

Idealismo? Não: experiência da vida. Não há forças, que mais a senhoreiem, do que essas. Experimentai-o, como eu o tenho experimentado. Poderá ser que resigneis certas situações, como eu as tenho resignado. Mas meramente para variar de posto, e, em vos sentindo incapazes de uns, buscar outros, onde vos venha ao encontro o dever, que a Providência vos haja reservado.

Encarai, jovens colegas meus, nessas duas estradas, que se vos patenteiam. Tomai a que vos indicarem vossos pressentimentos, gostos e explorações, no campo dessas nobres disciplinas, com que lida a ciência das leis e a distribuição da justiça. Abraçai a que vos sentirdes indicada pelo conhecimento de vós mesmos. Mas não primeiro que hajais buscado na experiência de outrem um pouco da que vos é mister, e que ainda não tendes, para eleger a melhor derrota,[30] entre as duas que se oferecem à carta de idoneidade, hoje obtida.

Pelo que me toca, escassamente avalio até onde, nisso, vos poderia eu ser útil. Muito vi em cinquenta anos. Mas o que constitui a experiência, consiste menos no ver, que no saber observar. Observar com clareza, com desinteresse, com seleção. Observar, deduzindo, induzindo, e generalizando, com pausa, com critério com desconfiança. Observar, apurando, contrasteando, e guardando.

Que espécie de observador seja eu, não vo-lo poderia dizer. Mas, seguro, ou não, no averiguar e discernir, — de uma qualidade, ao menos, me posso abonar a mim mesmo: a de exato e consciencioso no expender e narrar.

Como me dilataria, porém, numa ou noutra coisa, quando tão longamente, aqui, já me tenho excedido em abusar de vós e de mim mesmo?

Não recontarei, pois, senhores, a minha experiência, e muito menos tentarei explaná-la. Cingir-me-ei, estritamente, a falar-vos como falaria e mim próprio, se vós estivésseis em mim, sabendo o que tenho experimentado, e eu me achasse em vós, tendo que resolver essa escolha.

Todo pai é conselheiro natural. Todos os pais aconselham, se bem que nem todos possam jurar pelo valor dos seus conselhos. Os meus serão os a que me julgo obrigado, na situação em que momentaneamente estou, pelo vosso arbítrio, de pai espiritual dos meus afilhados em letras, nesta solenidade.

30. *Derrota*: rota.

E à magistratura que vos ides votar?

Elegeis, então, a mais eminente das profissões, a que um homem se pode entregar neste mundo. Essa elevação me impressiona seriamente; de modo que não sei se a comoção me não atalhará o juízo, ou tolherá o discurso. Mas não se dirá que, em boa vontade, fiquei aquém dos meus deveres.

Serão, talvez, meras vulgaridades, tão singelas, quão sabidas, mas ande o senso comum, a moral e o direito, associando-se à experiência, lhe[31] nobilitam os ditames. Vulgaridades, que qualquer outro orador se avantajaria em esmaltar de melhor linguagem, mas que, na ocasião, a mim tocam, e no meu ensoado vernáculo hão de ser ditas. Baste, porém, que se digam com isenção, com firmeza, com lealdade; e assim hão de ser ditas, hoje, desta nobre tribuna.

Moços, se vos ides medir com o direito e o crime na cadeira de juízes, começai, esquadrinhando as exigências aparentemente menos altas dos vossos cargos, e proponde-vos caprichar nelas com dobrado rigor; porque, para sermos fiéis no muito, o devemos ser no pouco.

Qui fidelis est in minimo, et in majori fidelis est; et qui in modico iniquus est, et in majori iniquus est.[*,32]

31. *Lhe*: lhes ("vulgaridades"). Uso arcaico do pronome, que não flexionava em número.

*. Lucas, XVI, 10. [N. A.]

32. "Quem é fiel nas coisas mínimas também o é nas maiores; e quem é injusto nas coisas médias também o é nas maiores."

Ponho exemplo, senhores. Nada se leva em menos conta, na judicatura, a uma boa fé de ofício que o vezo de tardança nos despachos e sentenças. Os códigos se cansam debalde em o punir. Mas a geral habitualidade e a conivência geral o entretêm, inocentam e universalizam. Destarte se incrementa e demanda ele em proporções incalculáveis, chegando as causas a contar a idade por lustros, ou décadas, em vez de anos.

Mas justiça atrasada não é justiça, senão injustiça qualificada e manifesta. Porque a dilação ilegal nas mãos do julgador contraria o direito escrito das partes, e, assim, as lesa no patrimônio, honra e liberdade. Os juizes tardinheiros são culpados, que a lassidão comum vai tolerando. Mas sua culpa tresdobra com a terrível agravante de que o lesado não tem meio de reagir contra o delinquente poderoso, em cujas mãos jaz a sorte do litígio pendente.

Não sejais, pois, desses magistrados, nas mãos de quem os autos penam como as almas do purgatório, ou arrastam sonos esquecidos como as preguiças do mato.

Não vos pareçais com esses outros juízes, que, com tabuleta de escrupulosos, imaginam em risco a sua boa fama, se não evitarem o contato dos pleiteantes, recebendo-os com má sombra,[33] em lugar de os ouvir a todos com desprevenção, doçura e serenidade.

33. *Com má sombra:* de cara feia.

Não imiteis os que, em se lhes oferecendo o mais leve pretexto, a si mesmos põem suspeições rebuscadas, para esquivar responsabilidades, que seria do seu dever arrostar sem quebra de ânimo ou de confiança no prestígio dos seus cargos.

Não sigais os que argumentam com o grave das acusações, para se armarem de suspeita e execração contra os acusados; como se, pelo contrário, quanto mais odiosa a acusação, não houvesse o juiz de se precaver mais contra os acusadores, e menos perder de vista a presunção de inocência, comum a todos os réus, enquanto não liquidada a prova e reconhecido o delito.

Não acompanheis os que, no pretório, ou no júri, se convertem de julgadores em verdugos, torturando o réu com severidades inoportunas, descabidas, ou indecentes; como se todos os acusados não tivessem direito à proteção dos seus juízes, e a lei processual, em todo o mundo civilizado, não houvesse por sagrado o homem, sobre quem recai acusação ainda inverificada.

Não estejais com os que agravam o rigor das leis, para se acreditar com o nome de austeros e ilibados. Porque não há nada menos nobre e aplausível que agenciar uma reputação malignamente obtida em prejuízo da verdadeira inteligência dos textos legais.

Não julgueis por considerações de pessoas, ou pelas do valor das quantias litigadas, negando as somas, que se pleiteiam, em razão da sua grandeza, ou escolhendo, entre as partes na lide, segundo a situação social delas, seu poderio, opulência e conspicuidade. Porque quanto mais armados estão de tais armas os poderosos, mais inclinados é de recear que sejam à extorsão contra os menos ajudados da fortuna; e, por outro lado, quanto maiores são os valores demandados e maior, portanto, a lesão arguida, mais grave iniquidade será negar a reparação, que se demanda.

Não vos mistureis com os togados, que contraíram a doença de achar sempre razão ao Estado, ao Governo, à Fazenda; por onde os condecora o povo com o título de "fazendeiros". Essa presunção de terem, de ordinário, razão contra o resto do mundo, nenhuma lei a reconhece à Fazenda, ao Governo, ou ao Estado.

Antes, se admissível fosse aí qualquer presunção, havia de ser em sentido contrário; pois essas entidades são as mais irresponsáveis, as que mais abundam em meios de corromper, as que exercem as perseguições, administrativas, políticas e policiais, as que, demitindo funcionários indemissíveis, rasgando contratos solenes, consumando lesões de toda a ordem (por não serem os perpetradores de tais atentados os que os pagam), acumulam, continuamente, sobre o tesoiro público terríveis responsabilidades.

No Brasil, durante o Império, os liberais tinham por artigo do seu programa cercear os privilégios, já espantosos, da Fazenda Nacional. Pasmoso é que eles,[34] sob a República, se cem-dobrem ainda, conculcando-se, até, a

34. *Eles*: os privilégios.

Constituição, em pontos de alto melindre, para assegurar ao Fisco esta situação monstruosa, e que ainda haja quem, sobre todas essas conquistas, lhe[35] queira granjear a de um lugar de predileções e vantagens na consciência judiciária, no foro íntimo de cada magistrado.

Magistrados futuros, não vos deixeis contagiar de contágio tão maligno. Não negueis jamais ao Erário, à Administração, à União, os seus direitos. São tão invioláveis, como quaisquer outros. Mas o direito dos mais miseráveis dos homens, o direito do mendigo, do escravo, do criminoso, não é menos sagrado, perante a justiça, que o do mais alto dos poderes. Antes, com os mais miseráveis é que a justiça deve ser mais atenta, e redobrar de escrúpulo; porque são os mais maldefendidos, os que suscitam menos interesse, e os contra cujo direito conspiram a inferioridade na condição com a míngua nos recursos.

Preservai, juízes de amanhã, preservai vossas almas juvenis desses baixos e abomináveis sofismas. A ninguém importa mais do que à magistratura fugir do medo, esquivar humilhações, e não conhecer cobardia. Todo o bom magistrado tem muito de heroico em si mesmo, na pureza imaculada e na plácida rigidez, que a nada se dobre, e de nada se tema, senão da outra justiça, assente, cá embaixo, na consciência das nações, e culminante, lá em cima, no juízo divino.

35. *Lhe*: ao Fisco.

Não tergiverseis com as vossas responsabilidades, por mais atribulações que vos imponham, e mais perigos a que vos exponham. Nem receeis soberanias da terra: nem a do povo, nem a do poder. O povo é uma torrente, que rara vez se não deixa conter pelas ações magnânimas. A intrepidez do juiz, como a bravura do soldado, o arrebatam, e fascinam. Os governos investem contra a justiça, provocam e desrespeitam a tribunais; mas, por mais que lhes[36] espumem contra as sentenças, quando justas, não terão, por muito tempo, a cabeça erguida em ameaça ou desobediência diante dos magistrados, que os enfrentem com dignidade e firmeza.

Os presidentes de certas repúblicas são, às vezes, mais intolerantes com os magistrados, quando lhes resistem, como devem, do que os antigos monarcas absolutos. Mas, se os chefes das democracias de tal jaez se esquecem do seu lugar, até o extremo de se haverem, quando lhes pica o orgulho, com os juízes vitalícios e inamovíveis de hoje, coma se haveriam com os ouvidores e desembargadores d'El-Rei Nosso Senhor, frágeis instrumentos nas mãos de déspotas coroados, — cumpre aos amesquinhados pela jactância dessas rebeldias ter em mente que, instituindo-os em guardas da Constituição contra os legisladores e da lei contra os governos, esses pactos de liberdade não os

36. *Lhes espumem contra as sentenças*: espumem contra as suas sentenças.

revestiram de prerrogativas ultramajestáticas, senão para que a sua autoridade não torça às exigências de nenhuma potestade humana.

Os tiranos e bárbaros antigos tinham, por vezes, mais compreensão real da justiça que os civilizados e democratas de hoje. Haja vista a história, que nos conta um pregador do século XVII.

"A todo o que faz pessoa de *juiz*, ou ministro", dizia o orador sacro, "manda Deus que não considere na parte a razão de príncipe poderoso, ou de pobre desvalido, senão só a razão do seu próximo...[37] Bem praticou esta virtude Canuto, rei dos Vândalos, que, mandando justiçar uma quadrilha de salteadores, e pondo um deles embargos de que era parente del-Rei, respondeu: *Se provar ser nosso parente, razão é que lhe façam a forca mais alta.*[38]

Bom é que os bárbaros tivessem deixado lições tão inesperadas às nossas democracias. Bem poderia ser que, barbarizando-se com esses modelos, antepusessem elas, enfim, a justiça ao parentesco, e nos livrassem da peste das parentelas, em matérias de governo.

Como vedes, senhores, para me não chamarem a mim revolucionário, ando a catar minha literatura de hoje nos livros religiosos.

37. Levítico, XIX, 15. [N. A.]
38. P.e M. Bernardes: *Sermões*, Parte I, pp. 263–264. [N. A.]

Outro ponto dos maiores na educação do magistrado: corar menos de ter errado que de se não emendar. Melhor será que a sentença não erre. Mas, se cair em erro, o pior é que se não corrija. E, se o próprio autor do erro o remediar, tanto melhor; porque tanto mais cresce, com a confissão, em crédito de justo, o magistrado, e tanto mais se soleniza a reparação dada ao ofendido.

Muitas vezes, ainda, teria eu de vos dizer: Não façais, não façais. Mas já é tempo de cassar as velas[39] ao discurso. Pouco agora vos direi.

Não anteponhais o draconianismo à equidade. Dados a tão cruel mania, ganharíeis, com razão, conceito de maus, e não de retos.

Não cultiveis sistemas, extravagâncias e singularidades. Por esse meio lucraríeis a néscia reputação de originais; mas nunca a de sábios, doutos, ou conscienciosos.

Não militeis em partidos, dando à política o que deveis à imparcialidade. Dessa maneira venderíeis as almas e famas ao demônio da ambição, da intriga e da servidão às paixões mais detestáveis.

Não cortejeis a popularidade. Não transijais com as conveniências. Não tenhais negócios em secretarias. Não delibereis por conselheiros, ou assessores. Não deis votos de solidariedade com outros, quem quer que sejam. Fazendo aos colegas toda a honra, que lhes deverdes, prestai-lhes o crédito, a que sua dignidade houver direito; mas

39. *Cassar*: recolher (as velas).

não tanto que delibereis só de os ouvir, em matéria onde a confiança não substitua a inspeção direta. Não prescindais, em suma, do conhecimento próprio, sempre que a prova terminante vos esteja ao alcance da vista, e se ofereça à verificação imediata do tribunal.

Por derradeiro, amigos de minha alma, por derradeiro, a última, a melhor lição da minha experiência. De quanto no mundo tenho visto, o resumo se abrange nestas cinco[40] palavras:

Não há justiça, onde não haja Deus.

Quereríeis que vo-lo demonstrasse? Mas seria perder tempo, se já não encontrastes a demonstração no espetáculo atual da terra, na catástrofe da humanidade. O gênero humano afundiu-se na matéria, e no oceano violento da matéria flutuam, hoje, os destroços da civilização meio destruída. Esse fatal excídio está clamando por Deus. Quando ele tornar a nós, as nações abandonarão a guerra, e a paz, então, assomará entre elas, a paz das leis e da justiça, que o mundo ainda não tem, porque ainda não crê.

À justiça humana cabe, nessa regeneração, papel essencial. Assim o saiba ela honrar. Trabalhai por isso os que abraçardes essa carreira, com a influência da altíssima dignidade, que do seu exercício recebereis.

40. *Cinco palavras: Não há justiça, onde não haja Deus.* A redação original trazia, de fato, cinco palavras, *Não há justiça sem Deus.* Modificando-a posteriormente, Rui provavelmente se esqueceu de que a nova formulação tinha mais duas palavras.

Dela vos falei, da sua grandeza e dos seus deveres, com a incompetência de quem não a tem exercido. Não tive a honra de ser magistrado. Advogado sou, há cinquenta anos, e, já agora, morrerei advogado. E entretanto, da advocacia no Brasil, da minha profissão, do que nela, em experiência, acumulei, praticando-a, que me não será dado agora tratar. A extensão já demasiadíssima deste colóquio em desalinho não me consentiria acréscimo tamanho. Mas que perdereis, com tal omissão? Nada.

Na missão do advogado também se desenvolve uma espécie de magistratura. As duas se entrelaçam, diversas nas funções, mas idênticas no objeto e na resultante: a justiça. Com o advogado, justiça militante. Justiça imperante, no magistrado.

Legalidade e liberdade são as tábuas da vocação do advogado. Nelas se encerra, para ele, a síntese de todos os mandamentos. Não desertar a justiça, nem cortejá-la. Não lhe faltar com a fidelidade, nem lhe recusar o conselho. Não transfugir da legalidade para a violência, nem trocar a ordem pela anarquia. Não antepor os poderosos aos desvalidos, nem recusar patrocínio a estes contra aqueles. Não servir sem independência à justiça, nem quebrar da verdade ante o poder. Não colaborar em perseguições ou atentados, nem pleitear pela iniquidade ou imoralidade. Não se subtrair à defesa das causas impopulares, nem à das perigosas, quando justas. Onde for apurável um grão, que seja, de verdadeiro direito, não regatear ao atribulado o consolo do amparo judicial. Não proceder, nas consultas, senão com a imparcialidade real do juiz nas sentenças. Não fazer da banca balcão, ou da ciência mercatura. Não ser baixo com os grandes, nem arrogante com os miseráveis. Servir aos opulentos com altivez e aos indigentes com caridade. Amar a pátria, estremecer o próximo, guardar fé em Deus, na verdade e no bem.

Senhores, devo acabar. Quando, há cinquenta anos, saía eu daqui, na velha Pauliceia, solitária e brumosa, como hoje saís da transfigurada metrópole do máximo Estado brasileiro, bem outros eram este país e todo o mundo ocidental.

O Brasil acabava de varrer do seu território a invasão paraguaia, e, na América do Norte, poucos anos antes, a guerra civil limpara da grande república o cativeiro negro, cuja agonia esteve a pique de a soçobrar despedaçada. Eram dois prenúncios de uma alvorada, que doirava os cimos do mundo cristão, anunciando futuras vitórias da liberdade.

Mas, ao mesmo tempo, a invasão germânica alagava terras de França, deixando-a violada, transpassada no coração e cruelmente mutilada, aos olhos secos e indiferentes das outras potências e mais nações europeias, grandes ou pequenas.

Ninguém percebeu que se estavam semeando o cativeiro e a subversão do mundo. Daí a menos de cinquenta anos, aquela atroz exacerbação do egoísmo político envolvia culpados e inocentes numa série de convulsões, tal, que acreditaríeis haver-se despejado o inferno entre as nações da terra, dando ao inaudito fenômeno humano proporções quase capazes de representar, na sua espantosa imensidade, um cataclismo cósmico. Parecia estar-se desmanchando e aniquilando o mundo. Mas era a eterna justiça que se mostrava. Era o velho continente que principiava e expiar a velha política, desalmada, mercantil e cínica, dos Metternich. Metternich acreditava que a democracia e o nacionalismo Napoleões, Metternichs e Bismarcks, num ciclone de abominações inenarráveis, que bem depressa abrangeria, como abrangeu, na zona das suas tremendas comoções, os outros continentes, e deixaria revolvido o orbe inteiro em tormentas catastróficas, só Deus sabe por quantas gerações além dos nossos dias.

O Briareu[41] do inexorável mercantilismo que explorava a humanidade, o colosso do egoísmo universal, que, durante um século, assistira impassível à entronização dos cálculos dos governos sobre os direitos dos povos, o reinado ímpio da ambição e da força rolava, e se desfazia, num desmoronamento pavoroso, levando por aí a rojo impérios e dinastias, reis, domínios, constituições e tratados. Mas a medonha intervenção dos poderes tenebrosos do nosso destino mal estava começada. Ninguém poderia conjeturar ainda como e quando acabará.

Neste canto da terra, o Brasil "da hegemonia sul-americana", entreluzida com a guerra do Paraguai, não cultivava tais veleidades, ainda bem que, hoje, de todo em todo

41. *Briareu*: um dos gigantes da mitologia grega, que possuía cem braços e cinquenta cabeças.

extintas. Mas encetara uma era de aspirações jurídicas e revoluções incruentas. Em 1888 aboliu a propriedade servil. Em 1889 baniu a coroa, e organizou a república. Em 1907 entrou, pela porta de Haia, ao concerto das nações. Em 1917 alistou-se na aliança da civilização, para empenhar a sua responsabilidade e as suas forças navais na guerra das guerras, em socorro do direito das gentes, cujo código ajudara a organizar na Segunda Conferência da Paz.

Mas, de súbito, agora, um movimento desvairado parece estar-nos levando, empuxados de uma corrente submarina, a um recuo inexplicável. Diríeis que o Brasil de 1921 tendesse, hoje, a repudiar o Brasil de 1917. Por quê? Porque a nossa política nos descurou dos interesses, e, ante isso, delirando em acesso de frívolo despeito, iríamos desmentir a excelsa tradição, tão gloriosa, quão inteligente e fecunda?

Não: senhores, não seria possível. Na resolução de 1917 o Brasil ascendeu à elevação mais alta de toda a nossa história. Não descerá.

Amigos meus, não. Compromissos daquela natureza, daquele alcance, daquela dignidade não se revogam. Não convertamos uma questão de futuro em questão de relance. Não transformemos uma questão de previdência em questão de cobiça. Não reduzamos uma imensa questão de princípios a vil questão de interesses. Não demos de barato[42] a essência eterna da justiça por uma rasteira

42. *Não demos de barato*: não troquemos sem relutância.

desavença de mercadores. Não barganhemos o nosso porvir a troco de um mesquinho prato de lentilhas. Não arrastemos o Brasil ao escândalo de se dar em espetáculo à terra toda como a mais fútil das nações, nação que, à distância de quatro anos, se desdissesse de um dos mais memoráveis atos de sua vida, trocasse de ideias, variasse de afeições, mudasse de caráter, e se renegasse a si mesma.

Ó, senhores, não, não e não! Paladinos, ainda ontem, do direito e da liberdade, não vamos agora mostrar os punhos contraídos aos irmãos, com que comungávamos, há pouco, nessa verdadeira cruzada. Não percamos, assim, o equilíbrio da dignidade, por amor de uma pendência de estreito caráter comercial, ainda mal liquidada, sobre a qual as explicações dadas à nação pelos seus agentes, até esta data, são inconsistentes e furta-cores. Não culpemos o estrangeiro das nossas decepções políticas no exterior, antes de averiguarmos se os culpados não se achariam aqui mesmo, entre os a quem se depara, nestas cegas agitações de ódio a outros povos, a diversão[43] mais oportuna dos nossos erros e misérias intestinas.

O Brasil, em 1917, plantou a sua bandeira entre as da civilização nos mares da Europa. Daí não se retrocede facilmente, sem quebra da seriedade e do decoro, se não dos próprios interesses. Mais cuidado tivéssemos, em tempo, com os nossos, nos conselhos da paz, se neles quiséssemos brilhar melhor do que brilhamos nos atos da guerra, e acabar sem contratempos ou dissabores.

43. *Diversão*: mudança de direção, desvio.

Agora, o que a política e a honra nos indicam, é outra coisa. Não busquemos o caminho de volta à situação colonial. Guardemo-nos das proteções internacionais. Acautelemo-nos das invasões econômicos. Vigiemo-nos das potências absorventes e das raças expansionistas. Não nos temamos tanto dos grandes impérios já saciados, quanto dos ansiosos por se fazerem tais à custa dos povos indefesos e mal governados. Tenhamos sentido nos ventos, que sopram de certos quadrantes do céu. O Brasil é a mais cobiçável das presas; e, oferecida, como está, incauta, ingênua, inerme, a todas as ambições, tem, de sobejo, com que fartar duas ou três das mais formidáveis.

Mas o que lhe importa, é que dê começo a governar-se a si mesmo; porquanto nenhum dos árbitros da paz e da guerra leva em conta uma nacionalidade adormecida e anemizada na tutela perpétua de governos, que não escolhe. Um povo dependente no seu próprio território e nele mesmo sujeito ao domínio de senhores não pode almejar seriamente, nem seriamente manter a sua independência para com o estrangeiro.

Eia, senhores! Mocidade viril! Inteligência brasileira! Nobre nação explorada! Brasil de ontem e amanhã! Dai-nos o de hoje, que nos falta.

Mãos à obra da reivindicação de nossa perdida autonomia; mãos à obra da nossa reconstituição interior; mãos à obra de reconciliarmos a vida nacional com as instituições nacionais; mãos à obra de substituir pela verdade o simulacro político da nossa existência entre as nações.

Trabalhai por essa que há de ser a salvação nossa. Mas não buscando salvadores. Ainda vos podereis salvar a vós mesmos. Não é sonho, meus amigos: bem sinto eu, nas pulsações do sangue, essa ressurreição ansiada. Oxalá não se me fechem os olhos, antes de lhe ver os primeiros indícios no horizonte. Assim o queira Deus.

APÊNDICE

O dever do advogado

CARTA DE EVARISTO DE MORAIS

Venerando mestre e preclaro chefe

Para solução dum verdadeiro caso de consciência solicito vossa *palavra de ordem*, que à risca cumprirei. Deveis ter, como toda a gente, notícia, mais ou menos completa, do lamentável crime de que é acusado o Dr. Mendes Tavares. Sabeis que esse moço é filiado a um agrupamento partidário que apoiou a desastrada candidatura do Marechal Hermes. Sabeis outrossim que, ardente admirador da vossa extraordinária mentalidade e entusiasmado pela lição de civismo que destes em face da imposição militarista, pus-me decididamente ao serviço da vossa candidatura.

Dada a suposta eleição do vosso antagonista, tenho até hoje mantido e pretendo manter seguramente as mesmas ideias. Ocorreu todavia o triste caso a que aludi.

O acusado Dr. José Mendes Tavares foi meu companheiro durante quatro anos, nos bancos escolares. Não obstante o afastamento político, sempre tivemos relação de amistosa camaradagem. Preso, angustiado, sem socorro imediato de amigos do seu grupo, apelou para mim, solicitando meus serviços profissionais.

Relutei, no princípio; aconselhei desde logo, fosse chamado outro patrono, parecendo-me estar naturalmente indicado um profissional bem conhecido, hoje deputado federal, que supus muito amigo do preso. Essa pessoa por mim apontada escusou-se à causa.

A opinião pública, diante de certas circunstâncias do fato, alarmou-se estranhamente, chegando-se a considerar o acusado *indigno de defesa!* Não me parece se deva dar foros de justiça a essa ferocíssima manifestação dos sentimentos excitados da ocasião. O acusado insiste pela prestação dos meus humildes serviços. Eu estou de posse de elementos que em muito diminuem, senão excluem, sua responsabilidade no caso. Recorro respeitosamente à vossa alta autoridade e vos instituo, com grandíssima e justificada confiança, juiz do meu proceder: devo, por ser o acusado nosso adversário, desistir da defesa iniciada?

Prosseguindo nela, sem a menor quebra dos laços que me prendem à bandeira do civilismo, cometo uma incorreção partidária?

Espero de vossa generosidade resposta pronta e que sirva como sentença inapelável, para acalmação de minha consciência.

Venerador e respeitador

Evaristo de Morais

CARTA DE RUI BARBOSA

Rio, Vila Maria Augusta, 26 de outubro de 1911

Dr. Evaristo de Morais:

Só agora posso acudir à sua carta de 18 do corrente, que me chegou às mãos dois dias depois.

Recusando-me ao apelo, que a sua consciência dirige à minha, cometeria eu um ato de fraqueza, que não se concilia com a minha maneira de sentir. Quando se me impõe a solução de um caso jurídico ou moral, não me detenho em sondar a direção das correntes que me cercam: volto-me para dentro de mim mesmo, e dou livremente a minha opinião, agrade ou desagrade a minorias, ou maiorias.

Na hipótese, tanto mais sem liberdade me acharia, para me furtar à consulta, que me endereça, quanto ela está resolvida por antecedências de grande notoriedade na minha vida. Tendo assumido o patrocínio da causa do principal acusado do crime da Avenida, cujo protagonista militou com honras e galões na campanha do hermismo contra a ordem civil, vê-se o meu prezado colega, a quem tão bons serviços deve o civilismo, diante das censuras que por isso lhe irrogam, em presença destas questões que formula e me dirige:

> Devo, *por ser o acusado nosso adversário*, desistir da defesa iniciada? Prosseguindo nela, sem a menor quebra dos laços que me prendem à bandeira do civilismo, cometo uma incorreção partidária?

O meu senso íntimo não hesita na resposta.

Os partidos transpõem a órbita da sua legítima ação, toda a vez que invadam a esfera da consciência profissional, e pretendam contrariar a expressão do Direito. Ante essa tragédia, por tantos lados abominável, de que foi vítima o Comandante Lopes da Cruz, o único interesse do civilismo, a única exigência do seu programa, é que se observem rigorosamente as condições da justiça. Civilismo quer dizer ordem civil, ordem jurídica, a saber: governo da lei, contraposto ao governo do arbítrio, ao governo da força, ao governo da espada. A espada enche hoje a política do Brasil. De instrumento de obediência e ordem, que as nossas instituições constitucionais a fizeram, coroou-se em rainha e soberana. Soberana das leis. Rainha da anarquia. Pugnando, pois, contra ela, o civilismo pugna pelo restabelecimento da nossa Constituição, pela restauração da nossa legalidade.

Ora, quando quer e como quer que se cometa um atentado, a ordem legal se manifesta necessariamente por duas exigências, a acusação e a defesa, das quais a segunda, por mais execrando que seja o delito, não é menos especial à satisfação da moralidade pública do que a primeira. A defesa não quer o panegírico da culpa, ou do culpado. Sua função consiste em ser, ao lado do acusado, inocente, ou criminoso, a voz dos seus direitos legais.

Se a enormidade da infração reveste caracteres tais, que o sentimento geral recue horrorizado, ou se levante contra ela em violenta revolta, nem por isto essa voz deve emudecer. Voz do Direito no meio da paixão pública, tão susceptível de se demasiar, às vezes pela própria exaltação da sua nobreza, tem a missão sagrada, nesses casos, de não consentir que a indignação degenere em ferocidade e a expiação jurídica em extermínio cruel.

O furor dos partidos tem posto muitas vezes os seus adversários *for a da lei.* Mas, perante a humanidade, perante o cristianismo, perante os direitos dos povos civilizados, perantes as normas fundamentais do nosso regímen, ninguém, por mais bárbaros que sejam os seus atos, decai do abrigo da legalidade. Todos se acham sob a proteção das leis, que, para os acusados, assenta na faculdade absoluta de combaterem a acusação, articularem a defesa, e exigirem a fidelidade à ordem processual. Esta incumbência, a tradição jurídica das mais antigas civilizações a reservou sempre ao ministério do advogado. A este, pois, releva honrá-lo, não só arrebatando à perseguição os inocentes, mas reivindicando, no julgamento dos criminosos, a lealdade às garantias legais, a equidade, a imparcialidade, a humanidade.

Esta segunda exigência da nossa vocação é a mais ingrata. Nem todos para ela têm a precisa coragem. Nem todos se acham habilitados, para ela, com essa intuição superior da caridade, que humaniza a repressão, sem a desarmar. Mas os que se sentem com a força de proceder com esse desassombro de ânimo, não podem inspirar senão simpatia às almas bem-formadas.

Voltaire chamou um dia, brutalmente, à paixão pública "a demência da canalha". Não faltam, na história dos instintos malignos da multidão, no estudo instrutivo da contribuição deles para os erros judiciários, casos de lamentável memória, que expliquem a severidade dessa aspereza numa pena irritada contra as iniquidades da justiça no seu tempo. No de hoje, com a opinião educada e depurada que reina sobre os países livres, essas impressões populares têm, por via de regra, a orientação dos grandes sentimentos. Para elas se recorre, muitas vezes com vantagens, das sentenças dos maiores tribunais.

Circunstâncias há, porém, ainda entre as nações mais adiantadas e cultas, em que esses movimentos obedecem a verdadeiras alucinações coletivas. Outras vezes a sua inspiração é justa, a sua origem magnânima. Trata-se de um crime detestável que acordou a cólera popular. Mas, abrasada assim, a irritação pública entra em risco de se descomedir. Já não enxerga a verdade com a mesma lucidez. O acusado reveste aos seus olhos a condição de monstro sem traço de procedência humana. A seu favor não se admite uma palavra. Contra ele tudo o que se alega, ecoará em aplausos.

Desde então começa a justiça a correr perigo, e com ele surge para o sacerdócio do advogado a fase melindrosa, cujas dificuldades poucos ousam arrostar. Faz-se mister resistir à impaciência dos ânimos exacerbados, que não tolera a serenidade das formas judiciais. Em cada uma delas a sofreguidão pública descobre um fato à impunidade.

Mas é, ao contrário, o interesse da verdade o que exige que elas se esgotem; e o advogado é o ministro desse interesse. Trabalhando por que não faleça ao seu constituinte uma só dessas garantias da legalidade, trabalha ele, para que não falte à justiça nenhuma de suas garantias.

Eis por que, seja quem for o acusado, e por mais horrenda que seja a acusação, o patrocínio do advogado, assim entendido e exercido assim, terá foros de meritório, e se recomendará como útil à sociedade.

Na mais justa aversão dela incorreu a causa do infeliz, cuja defesa aceitou o meu ilustrado colega. Aceitando-a, pois, o eloquente advogado corre ao encontro da impopularidade. É um rasgo de sacrifício, a que um homem inteligente como ele se não abalançaria, sem lhe medir o alcance, e lhe sentir o amargor. As considerações, expendidas na sua carta, que levaram a fazê-lo, são das mais respeitáveis. Nenhum coração de boa têmpera lhas rejeitará.

A cabeça esmagada pela tremenda acusação estava indefesa. O horror da sua miséria moral lhe fechara todas as portas. Todos os seus amigos, os seus coassociados em interesses políticos, os companheiros de sua fortuna até o momento do crime, não tiveram a coragem de lhe ser fiéis na desgraça. Foi então que o abandonado se voltou para o seu adversário militante, e lhe exorou o socorro que Deus com a sua inesgotável misericórdia nos ensina a não negar aos maiores culpados.

O meu prezado colega não soube repelir as mãos, que se lhe estendiam implorativamente. A sua submissão a esse sacrifício honra aos seus sentimentos e a nossa classe, cujos mais eminentes vultos nunca recusaram o amparo da lei a quem quer que lho exorasse. Lachaud não indeferiu a súplica de Troppmann, o infame e crudelíssimo autor de uma hecatombe de oito vítimas humanas, traiçoeiramente assassinadas sob a inspiração do roubo.

A circunstância, cuja alegação se sublinha na sua carta, de "ser o acusado nosso adversário", não entra em linha de conta, senão para lhe realçar o merecimento a esse ato de abnegação. Em mais de uma ocasião, na minha vida pública, não hesitei em correr ao encontro dos meus inimigos, acusados e perseguidos, sem nem sequer aguardar que eles mo solicitassem, provocando contra mim desabridos rancores políticos e implacáveis campanhas de malsinação, unicamente por se me afigurar necessário mostrar aos meus conterrâneos, com exemplos de sensação, que acima de tudo está o serviço da justiça. Diante dela não pode haver diferença entre amigos e adversários, senão para lhe valermos ainda com mais presteza, quando ofendida nos adversários do que nos amigos.

Recuar ante a objeção de que o acusado é "indigno de defesa", era o que não poderia fazer o meu douto colega, sem ignorar as leis do seu ofício, ou traí-las. Tratando-se de um acusado em matéria criminal, não há causa em absoluto *indigna de defesa.* Ainda quando o crime seja de todos o mais nefando, resta verificar a prova: e ainda quando a prova inicial seja decisiva, falta, não só apurá-la no cadinho dos debates judiciais, senão também vigiar pela regularidade estrita do processo nas suas mínimas formas. Cada uma delas constitui uma garantia, maior ou menor, da liquidação da verdade, cujo interesse em todas se deve acatar rigorosamente.

A este respeito não sei que haja divergências, dignas de tal nome, na ética da nossa profissão. Zanardelli, nos seus célebres discursos aos advogados de Brescia, acerca da advocacia, depois de estabelecer como, em matéria civil, se faz cúmplice da iniquidade o patrono ciente e consciente de uma causa injusta, para logo ali se dá pressa em advertir:

> Em princípio, todavia, não pode ter lugar nas causas penais, onde ainda aqueles que o advogado saiba serem culpados, *não só podem* mas *devem* ser por ele defendidos. Mittermaier observa que os devemos defender, até no caso que deles tenhamos, diretamente, recebido a confissão de criminalidade. Algumas leis germânicas estatuem que nenhum advogado se poderá subtrair à obrigação da defesa com o pretexto de nada achar que opor à acusação. No juramento imposto pela lei genebrina de 11 de julho de 1836, juramento no qual se compendiam os deveres do advogado, entre outras promessas, que se lhe exigem, se encontra a de "não aconselhar ou sustentar causa, que lhe não pareça justa, *a menos que se trate da defesa de um acusado*". Ante a justiça primitiva, pois, o patrocínio de uma causa má, não só é *legítimo, senão ainda obrigatório*; porquanto a humanidade o ordena, a piedade o exige, o costume o comporta, a lei o impõe (*L'Avvocatura*, pp. 160–161).

Na grande obra de Campani sobre a defesa penal se nos depara a mesma lição. Nos mais atrozes crimes, diz ele,

> por isso mesmo que sobre o indivíduo pesa a acusação de um horrível delito, expondo-o a castigos horríveis, é que mais necessidade tem ele de assistência e defesa (*La Difesa Penale*, vol. I, pp. 39–41).

O Professor Christian, anotando os *Comentários* de Blackstone (IV, 356), diz:

> Circunstâncias pode haver, que autorizem ou compilam um advogado a enjeitar a defesa de um cliente. Mas não se pode conceber uma causa, que deva ser rejeitada por quantos exerçam essa profissão; visto como esse procedimento de todos os advogados tal prevenção excitaria contra a parte, que viria a importar quase na sua condenação antes do julgamento.
>
> *Por mais atrozes que sejam as circunstâncias contra um réu,* ao advogado sempre incumbe o dever de atentar por que o seu cliente não seja condenado senão de acordo com as regras e formas, cuja observância a sabedoria legislativa estabeleceu como tutelares da liberdade e segurança individual.

As falhas da própria incompetência dos juízes, os erros do processo são outras tantas causas de resistência legal da defesa, pelas quais a honra da nossa profissão tem o mandato geral de zelar; e, se uma delas assiste ao acusado, cumpre que, dentre a nossa classe, um ministro da lei se erga, para estender o seu escudo sobre o prejudicado, ainda que, diz o autor de um livro magistral sobre estes assuntos, "daí resulte escapar o delinquente" (William Forsyth. *Hortensius*, pp. 388–389; 408–409).

Nesse tratado acerca da nossa profissão e seus deveres, escrito com a alta moral e o profundo bom-senso das tradições forenses da Grã-Bretanha, se nos relata o caso da censura articulada pelo Lord Justice-Clerk, no processo de Gerald, réu de sedição, que, em 1794, requeria às justiças de Edimburgo lhe nomeassem defensor, queixando-se de lhe haverem negado os seus serviços todos os advogados, a cuja porta batera. "Ainda sem a interferência deste tribunal", admoestou o magistrado, a quem se dirigia a petição,

> nenhum *gentleman* devia recusar-se a defender um acusado, *fosse qual fosse a natureza do seu crime* [*whatever the nature of his crime might be*].

De tal modo calou nos ânimos essa advertência, que Howell, o editor dos *Processos de Estado*, endereçou uma nota ao decano da Faculdade dos Advogados Henry Erskine, irmão do famoso Lord Erskine, o Demóstenes do foro inglês, único do seu tempo a quem cedia em nomeada, e Henry Erskine se apressou em responder que o acusado o não procurara:

> Tivesse ele solicitado o meu auxílio, e eu lhe assistiria [...] pois sempre senti, como o Lord Justice-Clerk, que se não deve recusar defesa a um acusado, *qualquer que seja a natureza do seu crime; whatever be the nature of his crime* (William Forsyth. *Hortensius*, p. 388).

Do que a esse respeito se usa e pensa nos Estados Unidos, temos documento categórico no livro escrito sobre a ética forense por um eminente magistrado americano, o Juiz Sharswood da Suprema Corte da Pensilvânia. Professando, na universidade desse estado, sobre os deveres da nossa profissão, ensinava ele aos seus ouvintes:

> O advogado não é somente o mandatário da parte, senão também um funcionário do tribunal. À parte assiste o direito de ver a sua causa decidida segundo o direito e a prova, bem como de que ao espírito dos juízes se exponham todos os aspectos do assunto, capazes de atuar na questão. Tal o ministério, que desempenhava o advogado. Ele não é moralmente responsável pelo ato da parte em manter um pleito injusto, nem pelo erro do tribunal, se este em erro cair, sendo-lhe favorável no julgamento. Ao tribunal e ao júri incumbe pesar ambos os lados da causa; ao advogado, auxiliar o júri e o tribunal, fazendo o que o seu cliente em pessoa não poderia, por míngua de saber, experiência ou aptidão. O advogado, pois, que recusa a assistência profissional, *por considerar, no seu entendimento, a causa como injusta e indefensável, usurpa as funções, assim do juiz, como do júri* (*An Essay on Professional Ethics*, pp. 83–86).

Páginas adiante (89–91) reforça o autor ainda com outras considerações esta noção correntia, que ainda por outras autoridades americanas vamos encontrar desenvolvida com esclarecimentos e fatos interessantes (Henry Hardwicke. *The Art of Winning Cases.* New York, 1896, p. 457, nº xv; Snyder. *Great Speeches by Great Lawyers.* New York, 1892, p. 372).

Ante a deontologia forense, portanto, não há acusado, embora o fulmine a mais terrível das acusações, e as provas o acabrunhem, que incorra no anátema de *indigno de defesa.* "A humanidade exige que todo o acusado seja defendido" (Mollot. *Règles de la Profession d'Avocat*, t. I, p. 92, *apud* Sergeant. *De la Nature Juridique du Ministère de L'Avocat*, pp. 74–75).

Lachaud não recusa assistência da sua palavra a La Pommérais, ladrão e assassino, que, depois de ter envenenado friamente a sua sogra, envenena com os mesmos requisitos de insensibilidade e perfídia a mulher que o amava, para se apoderar do benefício de um seguro, que, com esse plano, a induzira a instituir em nome do amante, cuja celerada traição não suspeitava. Já vimos que o grande orador forense não se dedignou de patrocinar a causa de Troppmann. Na crônica do crime não há muitos vultos mais truculentos. De uma assentada; sem ódio, sem agravo, por mera cobiça de ouro, matara uma família inteira: o casal, um adolescente de 16 anos, quatro meninos, dos quais o mais velho com treze anos e uma criancinha de dois. Pois esse monstro teve por defensor o advogado mais em voga do seu tempo.

Nunca, desde o processo Lacenaire, houvera um caso, que levasse a indignação pública a um tal auge. Quando o criminoso escreveu a Lachaud, implorando-lhe que lhe acudisse, esta sua pretensão de eleger por patrono aquele, a quem então se começava a chamar, por excelência "o grande advogado", ainda mais irritou a cólera popular; e, ao saber-se que ele aceitara a defesa do matador de crianças, cuja causa a multidão queria liquidar, linchando o grande criminoso, não se acreditou, protestou-se, tentou-se demovê-lo, e deu-se voz de escândalo contra essa honra a tão vil aborto da espécie humana.

Mas ao mundo forense essas imprecações e clamores não turvaram a serenidade.

> O advogado, fosse quem fosse, que Troppmann escolhesse, teria, nestas tristes circunstâncias, cumprido o seu dever honestamente, como querem a lei e o regimento da Ordem.

Lachaud, impassível ao vozear da ira pública, apresentou-se com simplicidade ao tribunal, diz o editor de seus discursos,

> como auxiliar da justiça, para ajudá-la a se desempenhar dos seu deveres, e, *como defensor, para levantar entre o culpado e os ardores da multidão uma barreira.*

A sua oração ali, obra-prima de eloquência judiciária e consciência jurídica, abre com estes períodos de oiro:

> Troppmann me pediu que o defendesse: é um dever o que aqui venho cumprir. Poderão tê-lo visto com espanto os que ignoram a missão do advogado. Os que dizem haver crimes tão abomináveis, tão horrendos criminosos que não há, para eles, a mínima atenuante na aplicação da justiça, os que assim entendem, senhores, laboram em engano, confundindo, na sua generosa indignação, a justiça com a cólera e a vingança. Não percebem que, abrasados nessa paixão ardente e excitados da comiseração para com tantas vítimas, acabam por querer que se deixe consumar um crime social, de todos o mais perigoso:

o sacrifício da lei. Não compreendo eu assim as obrigações da defesa. O legislador quis que, ao lado do réu, fosse quem fosse, houvesse sempre uma palavra leal e honrada, para conter, quanto ser possa, as comoções da multidão, as quais, tanto mais terríveis quanto generosas, ameaçam abafar a verdade. A lei é calma, senhores: não tem jamais nem sequer os arrebatamentos da generosidade. Assentou ela que a verdade não será possível de achar, senão quando buscada juntamente pela acusação e pela defesa. Compreendeu que nem tudo está nas vítimas, e que também é mister deixar cair um olhar sobre o acusado; que à justiça e ao juiz toca o dever de interrogar o homem, sua natureza, seus desvarios, sua inteligência, seu estado moral. Ao advogado então disse: "Estarás à barra do Tribunal, lá estarás com a tua consciência". [...] O direito da defesa, a liberdade da defesa, confiou-os à honra profissional do advogado, conciliando assim os legítimos direitos da sociedade com os direitos não menos invioláveis do acusado.

[...]

Houve algum dia, senhores, uma causa criminal, que mais exigisse a audiência da defesa? Malvadezas sem precedente [...] e no meio desta emoção geral, clamores exaltados a exigirem, contra o culpado, severidades implacáveis. Não avaliais, senhores, que a palavra de um defensor vos deve acautelar desse perigo? Jurastes não sacrificar os interesses da sociedade, nem os do acusado; prometestes ser calmos, inquirir da verdade fora das paixões tumultuosas da multidão; jurastes deixar falar a vossa consciência, quando se recolher, depois de tudo ouvido.

Pois bem! eu vo-lo exoro, impondo silêncio às vossas consciências, tende essa coragem, e esperai!

Onze anos antes os auditórios de Paris se haviam agitado aos debates de um processo, que ainda mais comovera a sociedade francesa.

Um atentado extraordinário estremecera a nação toda, abalando o mundo político até os fundamentos.

O Império escapara de soçobrar num momento, fulminado, nas pessoas do Imperador e da Imperatriz, pela audácia de um tenebroso conspirador.

A mais miraculosa das fortunas salvara do excídio a Napoleão III, com o chapéu varado por uma bala e o próprio rosto escoriado.

Mas os estragos em torno dele operados foram medonhos.

Dilacerado o carro imperial pelas estilhas da carga homicida, os animais ficaram vasquejando, num charco de sangue, de envolta com uns poucos de agonizantes: lanceiros, gendarmes, lacaios, transeuntes, alcançados todos pela ação exterminadora das bombas.

A estatística dessa devastação instantânea contou 511 ferimentos, 148 feridos e oito mortos. Dificilmente se poderia improvisar de um só golpe maior número de infortúnios e sofrimentos. O fulminato de mercúrio obrara maravilhas de instantaneidade na supressão de vidas inocentes; e a influência maligna dos projetis empregados revestira um caráter singularmente desumano, condenando os sobreviventes, pela natureza das chagas abertas nos tecidos lacerados, a cruciadores tormentos, ou moléstias incuráveis.

Tal se apresentara a obra da sanguinária conjura, que imortalizou com uma auréola negra o nome de Felice Orsini.

As intenções, que a haviam animado, não menos sinistras. "Pouco importava", diz o historiador do Segundo Império,

> que os estilhaços, projetando-se por toda a parte, juntassem à grande vítima votada à morte um sem conto de vítimas obscuras. Pouco importava, contanto que se imolasse o Imperador. Reinaria então a anarquia em França, mediante a sua repercussão a anarquia na Itália, e destarte, se realizariam os pavorosos sonhos dessas imaginações doentias e pervertidas (De la Gorce, II, 219).

Pois bem: a esse crime, de tão infernal aspecto e tão bárbaras entranhas, não faltou, no julgamento sem conforto de esperança, a mão piedosa de um advogado, e esse o maior dos contemporâneos, aquele que exercia então sobre a sua classe o principado da eloquência e da celebridade profissional.

Todos se inclinaram com admiração e respeito a esse ato de religiosa solenidade. Ninguém tolheu a defensiva ao execrado réu, cuja altivez de recriminações levou o primeiro presidente do tribunal a declarar-lhe que só o respeito às liberdades da defesa o obrigara a tolerar semelhante linguagem; e foi sobre a cabeça do réprobo, escoltado de espectros, que a inspirada oração de Júlio Favre ousou acabar, apelando das durezas da justiça da terra para as equidades da clemência do céu. "Para cumprirdes o vosso dever sem paixão nem fraqueza", dizia ele em acentos de Bousset,

> não haveis mister, senhores, as adjurações do Sr. Procurador-Geral. Mas Deus, que a todos nos há de julgar; Deus, ante quem os grandes deste mundo comparecem tais quais são, despojados do séquito dos seus cortesãos e lisonjeiros; Deus que mede, ele só, a extensão das nossas culpas, a força dos impulsos que nos desvairam, a expiação que os resgata; Deus pronunciará, depois de vós, a sua sentença: e talvez não recuse o perdão, que os homens houverem tido por impossível na terra.

Bem vê, pois, o meu colega: não há de que se arrepender. Tem consigo a lição geral e os melhores exemplos da nossa gloriosa profissão.

Há de lhe ser árdua a tarefa. Não vejo na face do crime, cujo autor vai defender, um traço, que destoe da sua repugnante expressão, que lhe desbaste o tipo da refinada maldade.

Fala-me em elementos, de que está de posse, os quais "muito diminuem, se não excluem, sua responsabilidade". Queira Deus que se não iluda. Essa responsabilidade se acentua, no conjunto das provas conhecidas, com uma evidência e uma proeminência, que se me afiguram insusceptíveis de atenuação.

Nem por isso, todavia, a assistência do advogado, na espécie, é de menos necessidade, ou o seu papel menos nobre.

Rui Barbosa

HEDRA EDIÇÕES

1. *Iracema*, Alencar
2. *Don Juan*, Molière
3. *Contos indianos*, Mallarmé
4. *Auto da barca do Inferno*, Gil Vicente
5. *Poemas completos de Alberto Caeiro*, Pessoa
6. *Triunfos*, Petrarca
7. *A cidade e as serras*, Eça
8. *O retrato de Dorian Gray*, Wilde
9. *A história trágica do Doutor Fausto*, Marlowe
10. *Os sofrimentos do jovem Werther*, Goethe
11. *Dos novos sistemas na arte*, Maliévitch
12. *Mensagem*, Pessoa
13. *Metamorfoses*, Ovídio
14. *Micromegas e outros contos*, Voltaire
15. *O sobrinho de Rameau*, Diderot
16. *Carta sobre a tolerância*, Locke
17. *Discursos ímpios*, Sade
18. *O príncipe*, Maquiavel
19. *Dao De Jing*, Lao Zi
20. *O fim do ciúme e outros contos*, Proust
21. *Pequenos poemas em prosa*, Baudelaire
22. *Fé e saber*, Hegel
23. *Joana d'Arc*, Michelet
24. *Livro dos mandamentos: 248 preceitos positivos*, Maimônides
25. *O indivíduo, a sociedade e o Estado, e outros ensaios*, Emma Goldman
26. *Eu acuso!*, Zola | *O processo do capitão Dreyfus*, Rui Barbosa
27. *Apologia de Galileu*, Campanella
28. *Sobre verdade e mentira*, Nietzsche
29. *O princípio anarquista e outros ensaios*, Kropotkin
30. *Os sovietes traídos pelos bolcheviques*, Rocker
31. *Poemas*, Byron
32. *Sonetos*, Shakespeare
33. *A vida é sonho*, Calderón
34. *Escritos revolucionários*, Malatesta
35. *Sagas*, Strindberg
36. *O mundo ou tratado da luz*, Descartes
37. *O Ateneu*, Raul Pompeia
38. *Fábula de Polifemo e Galateia e outros poemas*, Góngora
39. *A vênus das peles*, Sacher-Masoch
40. *Escritos sobre arte*, Baudelaire
41. *Cântico dos cânticos*, [Salomão]
42. *Americanismo e fordismo*, Gramsci
43. *O princípio do Estado e outros ensaios*, Bakunin
44. *História da província Santa Cruz*, Gandavo
45. *Balada dos enforcados e outros poemas*, Villon
46. *Sátiras, fábulas, aforismos e profecias*, Da Vinci
47. *O cego e outros contos*, D.H. Lawrence

48. *Rashômon e outros contos*, Akutagawa
49. *História da anarquia (vol. 1)*, Max Nettlau
50. *Imitação de Cristo*, Tomás de Kempis
51. *O casamento do Céu e do Inferno*, Blake
52. *Cartas a favor da escravidão*, Alencar
53. *Utopia Brasil*, Darcy Ribeiro
54. *Flossie, a Vênus de quinze anos*, [Swinburne]
55. *Teleny, ou o reverso da medalha*, [Wilde et al.]
56. *A filosofia na era trágica dos gregos*, Nietzsche
57. *No coração das trevas*, Conrad
58. *Viagem sentimental*, Sterne
59. *Arcana Cœlestia* e *Apocalipsis revelata*, Swedenborg
60. *Saga dos Volsungos*, Anônimo do séc. XIII
61. *Um anarquista e outros contos*, Conrad
62. *A monadologia e outros textos*, Leibniz
63. *Cultura estética e liberdade*, Schiller
64. *A pele do lobo e outras peças*, Artur Azevedo
65. *Poesia basca: das origens à Guerra Civil*
66. *Poesia catalã: das origens à Guerra Civil*
67. *Poesia espanhola: das origens à Guerra Civil*
68. *Poesia galega: das origens à Guerra Civil*
69. *O pequeno Zacarias, chamado Cinábrio*, E.T.A. Hoffmann
70. *Tratados da terra e gente do Brasil*, Fernão Cardim
71. *Entre camponeses*, Malatesta
72. *O Rabi de Bacherach*, Heine
73. *Bom Crioulo*, Adolfo Caminha
74. *Um gato indiscreto e outros contos*, Saki
75. *Viagem em volta do meu quarto*, Xavier de Maistre
76. *Hawthorne e seus musgos*, Melville
77. *A metamorfose*, Kafka
78. *Ode ao Vento Oeste e outros poemas*, Shelley
79. *Oração aos moços*, Rui Barbosa
80. *Feitiço de amor e outros contos*, Ludwig Tieck
81. *O corno de si próprio e outros contos*, Sade
82. *Investigação sobre o entendimento humano*, Hume
83. *Sobre os sonhos e outros diálogos*, Borges | Osvaldo Ferrari
84. *Sobre a filosofia e outros diálogos*, Borges | Osvaldo Ferrari
85. *Sobre a amizade e outros diálogos*, Borges | Osvaldo Ferrari
86. *A voz dos botequins e outros poemas*, Verlaine
87. *Gente de Hemsö*, Strindberg
88. *Senhorita Júlia e outras peças*, Strindberg
89. *Correspondência*, Goethe | Schiller
90. *Índice das coisas mais notáveis*, Vieira
91. *Tratado descritivo do Brasil em 1587*, Gabriel Soares de Sousa
92. *Poemas da cabana montanhesa*, Saigyō
93. *Autobiografia de uma pulga*, [Stanislas de Rhodes]
94. *A volta do parafuso*, Henry James
95. *Ode sobre a melancolia e outros poemas*, Keats
96. *Teatro de êxtase*, Pessoa
97. *Carmilla — A vampira de Karnstein*, Sheridan Le Fanu

98. *Pensamento político de Maquiavel*, Fichte
99. *Inferno*, Strindberg
100. *Contos clássicos de vampiro*, Byron, Stoker e outros
101. *O primeiro Hamlet*, Shakespeare
102. *Noites egípcias e outros contos*, Púchkin
103. *A carteira de meu tio*, Macedo
104. *O desertor*, Silva Alvarenga
105. *Jerusalém*, Blake
106. *As bacantes*, Eurípides
107. *Emília Galotti*, Lessing
108. *Viagem aos Estados Unidos*, Tocqueville
109. *Émile e Sophie ou os solitários*, Rousseau
110. *Manifesto comunista*, Marx e Engels
111. *A fábrica de robôs*, Karel Tchápek
112. *Sobre a filosofia e seu método — Parerga e paralipomena (v. II, t. I)*, Schopenhauer
113. *O novo Epicuro: as delícias do sexo*, Edward Sellon
114. *Revolução e liberdade: cartas de 1845 a 1875*, Bakunin
115. *Sobre a liberdade*, Mill
116. *A velha Izerguil e outros contos*, Górki
117. *Pequeno-burgueses*, Górki
118. *Primeiro livro dos Amores*, Ovídio
119. *Educação e sociologia*, Durkheim
120. *Elixir do pajé — poemas de humor, sátira e escatologia*, Bernardo Guimarães
121. *A nostálgica e outros contos*, Papadiamántis
122. *Lisístrata*, Aristófanes
123. *A cruzada das crianças/ Vidas imaginárias*, Marcel Schwob
124. *O livro de Monelle*, Marcel Schwob
125. *A última folha e outros contos*, O. Henry
126. *Romanceiro cigano*, Lorca
127. *Sobre o riso e a loucura*, [Hipócrates]
128. *Hino a Afrodite e outros poemas*, Safo de Lesbos
129. *Anarquia pela educação*, Élisée Reclus
130. *Ernestine ou o nascimento do amor*, Stendhal
131. *Odisseia*, Homero
132. *O estranho caso do Dr. Jekyll e Mr. Hyde*, Stevenson
133. *História da anarquia (vol. 2)*, Max Nettlau
134. *Eu*, Augusto dos Anjos
135. *Farsa de Inês Pereira*, Gil Vicente
136. *Sobre a ética — Parerga e paralipomena (v. II, t. II)*, Schopenhauer
137. *Contos de amor, de loucura e de morte*, Horacio Quiroga
138. *Memórias do subsolo*, Dostoiévski
139. *A arte da guerra*, Maquiavel
140. *O cortiço*, Aluísio Azevedo
141. *Elogio da loucura*, Erasmo de Rotterdam
142. *Oliver Twist*, Dickens
143. *O ladrão honesto e outros contos*, Dostoiévski
144. *O que eu vi, o que nós veremos*, Santos-Dumont

145. *Sobre a utilidade e a desvantagem da histório para a vida*, Nietzsche
146. *Édipo Rei*, Sófocles
147. *Fedro*, Platão
148. *A conjuração de Catilina*, Salústio

«SÉRIE LARGEPOST»

1. *Dao De Jing*, Lao Zi
2. *Escritos sobre literatura*, Sigmund Freud
3. *O destino do erudito*, Fichte
4. *Diários de Adão e Eva*, Mark Twain
5. *Diário de um escritor (1873)*, Dostoiévski

«SÉRIE SEXO»

1. *A vênus das peles*, Sacher-Masoch
2. *O outro lado da moeda*, Oscar Wilde
3. *Poesia Vaginal*, Glauco Mattoso
4. *Perversão: a forma erótica do ódio*, Stoller
5. *A vênus de quinze anos*, [Swinburne]
6. *Explosao: romance da etnologia*, Hubert Fichte

COLEÇÃO «QUE HORAS SÃO?»

1. *Lulismo, carisma pop e cultura anticrítica*, Tales Ab'Sáber
2. *Crédito à morte*, Anselm Jappe
3. *Universidade, cidade e cidadania*, Franklin Leopoldo e Silva
4. *O quarto poder: uma outra história*, Paulo Henrique Amorim
5. *Dilma Rousseff e o ódio político*, Tales Ab'Sáber
6. *Descobrindo o Islã no Brasil*, Karla Lima
7. *Michel Temer e o fascismo comum*, Tales Ab'Sáber
8. *Lugar de negro, lugar de branco?*, Douglas Rodrigues Barros

COLEÇÃO «ARTECRÍTICA»

1. *Dostoiévski e a dialética*, Flávio Ricardo Vassoler
2. *O renascimento do autor*, Caio Gagliardi

«NARRATIVAS DA ESCRAVIDÃO»

1. *Incidentes da vida de uma escrava*, Harriet Jacobs
2. *Nascidos na escravidão: depoimentos norte-americanos*, WPA
3. *Narrativa de William W. Brown, escravo fugitivo*, William Wells Brown

Adverte-se aos curiosos que se imprimiu este livro em nossas oficinas, em 4 de agosto de 2020, em tipologia Formular e Libertine, com diversos sofwares livres, entre eles, LuaLaTeX, git & ruby.
(v. a26d01f)